직장인 A씨

직장인 A씨

최혜인 지음

우리는
왜
일터를
떠나지
못하는가

봄름

차례

내일의
마음

3장

'존버 정신'은 나를 지키는 방법이 아니다

"일보다 사람이 힘들다." 언젠가 이런 말을 해본 적이 있을 겁니다. 우리는 회사에 출근하면 개인 업무 외에도 회의를 하고 식사를 하면서 끊임없이 동료와 교류합니다. 직장에서 만나는 인간관계는 근로 조건의 일부입니다. 어쩌면 매일 부대끼는 인간관계야말로 직장 생활을 견디게 하는 혹은 견디기 힘들게 하는 큰 부분 같습니다. 그래서 우리는 종종 되뇌었을 겁니다. 일보다 사람이 힘들다고.

몇 년 전부터 우리 사회에 '갑질'이라는 단어가 자주 등장하고 있습니다. 갑질이란 상대적으로 우위에 있는 사람이 자신의 권력을 이용해 상대방에게 함부로 대하는 것을 말합니다. 평등하지 않은 모든 관계에 갑질이 존재하고, 그런 갑질이 도드라지는 곳이 바로 직장입니다. 직장에는 각자의 역할이 정해져 있고 층층이 위계가 나뉘어 있습니다. 쭉 늘어진 위계의 흐름 속에서 갑과 을의 역할이 중복되고 반복되며 우리는 갑질 피해자가 되기도 하고 의도치 않게 가해자가 되기도 합니다.

2020년 5월 통계청이 발표한 경제활동인구조사 청년층 부가조사 결과에 따르면 청년들의 첫 직장 평균 근속 기간은 1년 5.5개월로 1년 반이 채 되지 않았습니다. 그중 이미 첫 직장을 그만둔 청년들의 평균 근속 기간은 1년 1.8개월로 고작 한 해를 넘긴 직후였습니다. 이렇게 짧은 시간 만에 일자리를 그만두기로 결심한 이유는 무엇일까요? 첫 직장을 그만둔 사유로는 근로 여건 불만족이 47.7%로 가장 높았습니다. 매년 비율은 조금씩 다르지만, 근로 여건 불만족은 첫 일자리를 그만두게 하는 주요 원인이었습니다.

근로 여건에는 임금, 근로시간, 업무 내용, 조직 분위기,

직장 내 관계 등 직장 생활의 많은 부분이 포함됩니다. 그 중에서 특히 직장인들을 퇴사하게 만드는 원인은 인간관계에 있었습니다. 구인구직 플랫폼 인크루트가 2019년 조사한 직장인의 퇴사 사유로는 '상사·대표'가 21%로 가장 높았습니다. 잡코리아와 알바몬이 2020년 공동으로 조사한 결과에서도 '직장 내 갑질 등 상사, 동료와의 갈등'이 가장 높은 퇴사 사유로 나타났습니다. 인간관계에서 오는 스트레스는 회사를 그만둘 만큼 큰 부분을 차지하고 있는 것입니다.

노무사로 일하면서 상사의 막말과 무시에 상처를 받거나, 사소한 실수에도 불같이 화를 내는 상사 때문에 위축되거나, 개인적인 심부름과 허드렛일을 하느라 자괴감이 든다는 직장인들을 만납니다. 때로는 당장 그 회사에서 탈출하라고 말하고 싶을 정도로 심각한 갑질을 목격합니다. 당사자의 고통이 엄청나지만, 의외로 쉽게 회사를 떠나지 않는 걸 보면서 우리에게 일이 어떤 의미인지 고민하게 됐습니다.

일은 우리 삶에 깊숙이 자리하고 있습니다. 우리는 돈

을 벌기 위해 일을 하고 운이 좋으면 적성에 맞는 일을 찾아 자신의 역할과 쓸모에 만족감을 느끼기도 합니다. 생활을 위해 시작한 일이지만, 그 일은 어느새 우리의 생활이 됩니다. 일과 내가 동일시되면서 일 중심 사고에 익숙해지고 나를 뒷전으로 둡니다. 그러다 보니 막상 직장에서 부당한 일을 당해도 무엇이 잘못된 건지 판단하기 어려워집니다.

위태로운 불균형은 직장에서 부당한 일을 당해도 그곳을 벗어나려는 시도조차 못 하게 합니다. 적응하면 괜찮아질 거라고, 내가 잘하면 될 거라고 문제의 원인을 나에게 돌리면서 말이죠. 그렇게 부당함에 노출되는 시간이 길어질수록 내 탓이라 자책하고 무기력해지고 고립되면서 마음의 병을 얻습니다. 세상에서 가장 중요한 건 나 자신임에도 나를 잃고 있는 건 아닌지 구분하는 것조차 어려워지는 겁니다.

부당함에 적응하려 애쓰지 마세요. 꿋꿋하게 버티면 된다는 '존버 정신'은 나를 지키는 방법이 아닙니다. '존버가 승리한다'는 말은 직장에서만큼은 통하지 않습니다.

우리는 일을 통해 성장하고 더 나은 사람이 되기 위해 끊임없이 버티고 견디며 나를 채찍질합니다. 마치 '성장 중독'에 걸린 것처럼요. 우리 삶에서 일은 중요하지만, 일이 아닌 것에서도 성장하고 즐거움을 느꼈으면 좋겠습니다. 행복의 일부로써 일이 존재할 수 있도록 말입니다.

나를 지키며 일하기 위해 무엇이 문제인지 볼 수 있는 시야가 필요합니다. 상사의 요구가 정당한 것인지 구분하고 나도 모르게 후배를 괴롭힌 건 아닌지에 대한 '직장갑질 감수성'을 가지려면 직장 생활 중 겪을 법한 일들의 기준선이 필요합니다. 이 책에 담고 있는 사례와 노동법 정보가 그 기준선이자 건강한 직장 생활을 위한 가이드라인이 되어줄 것입니다. 이 책이 힘들기만 한 직장 생활을 견뎌내지 않고 떨쳐내는 힘이 되길 바랍니다.

노무사 최혜인

1장
—
오늘의 마음

그냥 직장인 되기

어릴 적 학교에서 장래희망을 적어 내라고 하면 의사나 교수를 썼다. 별다른 이유는 없고, 그냥 내가 특별한 사람이라고 착각했다. 특이한 능력을 가졌거나 한 분야에 천재성을 가졌거나, 아직 어리기 때문에 결론은 알 수 없지만 어쨌든 눈에 띄는 사람이 될 거라고 생각했다. 아마 자기객관화가 덜된 유년의 흔한 증상이었을 것이다. 착각은 그리 오래가지 않았다. 정규 교육을 받으며 시험에서 높은 점수 받는 것을 유일한 목표로 삼게 되었고, 획일성을 강요받으며 무난한 사람이 되도록 훈련당했다. 동시에 나에게 있었을지도 모르는 개성 같은 것들을 지워나갔다.

드라마 〈쌈, 마이웨이〉에서 주인공 최애라는 아나운서가 꿈이었지만 백화점 안내데스크 직원이 됐고, 태권도 선수였던 고동만은 해충관리회사 직원이 됐다. 나도 꽤나 반항적인 중·고등학생 시절을 보내며 획일성에 저항했지만, 공교육의 힘은 대단했고 현실의 벽은 높았다. 주인공들의 반짝이던 꿈은 시간이 지나면서 무채색이 됐다가 어떤 계기를 만나 다시 빛나게 되지만, 그건 드라마에서나 볼 법한 극적인 요소였다. 의심 없이 정규 교육을 받아온 우리는 때가 되면 학교를 졸업하고 취업하고 돈을 모아야 한다는 사회 규칙을 학습했고, 규칙에서 벗어나는 것을 죄악이라 여기고, 규칙에 맞는 인간이 되라며 스스로 윽박질렀다.

내가 하고 싶은 일이 무엇인지 비교적 내 목소리에 귀 기울이며 살아왔다고 생각했지만, 학교를 졸업할 무렵 취업할 곳을 찾다 보니 아득해졌다. 지금까지 강제로 규칙에 갇혀 있었다고 생각했지만, 나 역시 규칙 속 삶에 이미 익숙해져 있었다. 하지만 규칙 속 직장인의 모습은 조금 달랐다. 규칙을 어긴 학생은 낮은 학점을 받지만, 규칙을 어긴 직장인은 직장 상사에게 '조인트를 까이며' 인격 모독을 감수해야 하고 잘못하면 회사에서 쫓겨날 수도 있었다. 학생 때보다 더 큰 책임감을 가져야 한다면 응당 그렇게 하겠지만, 더 큰 상처를 견뎌야 할 이유는 없었다.

채용 공고가 올라오는 사이트를 들락거리며 이미 봤던 공고를 읽고 또 읽었다. 난독 문제는 아니었다. 사업장 이름과 근무 장소, 근로시간 말고 별다른 정보가 없었다. 담당 업무나 자격 요건은 일반적인 내용이라 구체적으로 어떤 일을 하게 된다는 건지 와 닿지 않았다. 무엇보다 궁금한 건 월급이었다. 대부분의 채용 공고는 마치 수수께끼처럼 월급이 얼마인지 숫자로 적어놓지 않았고 내부 규정에 따른다고만 했다. 이 채용 공고를 보는 99%는 당연히 내부 규정에 접근할 수 없는 외부인일 텐데, "월급은 몰라도 된다"는 말을 고상하게 적어놓은 것 같았다. 그렇다고 일을 시작하기 전부터 월급이 얼마냐고 물어볼 엄두는 나지 않았다.

인터넷에 돌아다니는 사례만 봐도 그렇다. 편의점 아르바이트를 하려던 구직자가 문자로 시급이 얼마냐고 문자 사용자는 최저임금도 안 되는 금액을 시급이라며 알려줬고, 이에 구직자는 일하지 않겠다며 거절 의사를 밝혔다. 그러자 사용자는 일하기도 전에 최저임금이나 따지는 사람은 예의가 없어서 자기도 싫다며 반말로 쏘아 붙였다.

우스갯소리로 인터넷에 돌아다니는 '짤'이지만 여기에는 많은 사회 문제가 함축되어 있다. 노동자와 사용자는 대등한 관계에서 근로계약을 체결한다고 하지만 교과서적인 표현일 뿐, 대부분의 노동자는 월급이라는 단어를 꺼내는 것도 어려워한다. 월급이 밀려도, 월급이 덜 들어와도, 월급이 어떻게 계산된 것인지 궁금해도 질문할 수 없다. 심지어 신입사원 중에는 월급 날짜가 언제인지 모르는 경우도 있다. 교과서에서는 노동자가 사용자에게 노동을 제공한 대가로 사용자는 노동자에게 임금을 지급해야 한다지만, 현실에서 임금은 사용자가 하사하는 금일봉 같은 존재다. 열심히 일하면 사용자가 알아서 은혜를 베푸니 월급에 대해서는 함구해야 하는 분위기를 보고 있으면 시계를 50년 전으로 되돌려 놓은 것만 같다. 애초에 월급만 보고 취업하려 했던 것도 아니지만, 월급이 얼마냐고 물어봤다가 밥값도 못 하면서 밥만 축내느냐며 비아냥댈까 봐 겁났다. 시작하는 마음이 마냥 좋을 수는 없었다.

채용 공고 앞에서 망설이면서 학교에서 들었던 '한국 사회와 노동 운동'이나 '한국의 노동 문제' 같은 수업들이 떠올랐다. 아, 이거구나. 멀게만 느껴졌던 노동 문제가 바로 이거구나. 아무것도 잘못하지 않았지만 지레 겁먹고 눈치 살피는 내 모습을 보면서, 애초에 불평등하게 구성된 노동자와 사용자 관계를 그나마 균형 있게 조각하는 것이 노동법이고, 노동 운동의 역할이라고 짐작했다. 그렇게 노동에 관심이 생겼다. 지금껏 규칙에 꼭 맞는 삶을 살며 안정감과 답답함을 맞바꿨다면, 이제는 덜 상처받기 위해 규칙에서 조금 벗어나기로 했다. 학교를 졸업하고 노동시장에 진입할 무렵, 노동 문제는 내 문제라는 노동자로서의 정체성을 갖게 되었다. 그 길로 나는 노동 문제를 주요 이슈로 활동하는 시민단체를 찾았다. 그리고 그곳은 나의 첫 직장이 되었다.

내가 안정감과 답답함을 맞바꿨던 것처럼, 누구나 자신의 삶 속에서 중요한 가치를 맞바꾸는 선택의 순간을 경험하게 된다. 상사가 시키는 대로 야근을 하다가 망가진 몸을 마주하는 순간, 어엿한 직장인이 될 줄 알았으나 사장님 뒤치다꺼리나 하게 되는 순간, 일하다 다쳤는데 그

책임을 전가당하는 순간, 계약직이나 여성이라는 이유로 차별당하는 순간, 아픈 몸을 이끌고 출근하는 순간처럼 무수히 많은 순간순간 우리는 권력을 가진 직장으로부터 상처를 받는다. 그 순간은 대부분 우리를 서럽고 무기력하게 만들지만, 각성의 계기가 되기도 한다. 직장인이 되어 경험하는 패배는 공교육을 통해 학습한 규칙이 의도한 정점이다. 온순하고 근면한 '역군'이 되는 것. 개성을 지워 나갔듯이 '그냥 직장인'이 되었지만, 우리를 좌절하게 하는 가시밭길은 유일한 구원의 길일지도 모른다.

로망이 번아웃으로

종종 사회초년생을 위한 노동법 강의를 의뢰받는다. 나는 벌써 세 번째 직장을 다니고 있지만, 연차가 그리 오래되지 않았기 때문에 여느 사회초년생과 다름없이 처음 해보는 일도 많고 주변 사람들의 평가가 겁나기도 한다. 그래서 사회초년생을 위한 노동법 강의를 구상할 때 더 마음이 쓰인다. 처음 취업하는 청년에게 필요한 정보가 무엇일까 고민하다 퇴사에 포인트를 두기로 했다. 회사에 입사할 때 근로계약서를 쓰고 하루에 8시간을 넘게 일하면 연장근로수당을 받아야 한다는 것보다 중요한 건, '퇴사를 잘 하는 일'이라고 생각한다. 첫 직장에 너무 많은 기대를 한 나머지, 그곳을 떠나는 게 나을 만큼 내상을 입었음에도 미련을 붙잡고 제때 탈출하지 못하는 경우가 있다.

나는 첫 직장에서는 무슨 일이 있어도 최소한 3년은 버티겠다고 마음먹었었다. 처음이라는 건 설렘과 두려움을 동시에 갖게 하지만, 내 경우에는 두려움이 더 컸다. 내가 만들어내는 유무형의 생산물을 쓸모 있는 것으로 여겨주는 곳이 있다는 것만으로 감사했고, 혹여 내 쓸모를 부정당하지 않을까 두려웠다. 내게 첫 직장은 무사히 통과해야 하는 관문이었고, 그래야만 이후의 직장 생활도 잘 견딜 수 있을 거라고 생각했다. 그렇게 나는 3년 1개월을 채우고 그곳을 떠났다. 내게 첫 직장은 고향 같은 곳이었지만, 처음하는 일이기 때문에 더 잘하려고 애썼던 게 화근이었다. 지나친 의욕이 나를 지치게 했지만 첫 직장이기 때문에 그럴 수밖에 없었다.

사막에서 살아남기 위해 잎을 뾰족한 가시로 진화시킨 선인장처럼 사회초년생은 직장 생활에서 살아남기 위해 의욕적인 자세로 더 열심히 일한다. 처음이라 얼마큼 힘을 줘야 하는지 잘 몰라서, 처음 받는 월급이 그저 달콤해서,

22

처음 가져보는 소속감이 따뜻해서, 처음 느껴보는 내 일에 대한 인정과 성취가 짜릿해서 쉽게 포기할 수 없어진다. 이렇게 다채로운 경험과 감정이 관통하는 곳인 만큼 첫 직장에서 겪는 좌절은 개인의 삶에 큰 의미로 남는다.

　사회초년생을 위한 노동법 강의를 나가면 어느 때보다 반짝이는 시선을 마주한다. 채용 공고를 볼 때 주의해야 할 점을 시작으로 입사와 동시에 작성해야 하는 근로계약서에서 주의 깊게 살펴봐야 할 내용, 근로시간과 최저임금, 연차휴가에 대한 기본 정보, 그리고 직장 내 성희롱이나 괴롭힘처럼 사회초년생의 어리숙함을 이용해 발생할 위험 요소를 설명한다. 그리고 본격적으로 퇴사를 주제로 강의를 시작한다. 취업을 잘하기 위한 기본이 대학 간판이라는 현실을 고려했을 때, 좋은 대학을 가기 위해 노력하는 중·고등학생 시절부터 대학교를 졸업하고 취업 준비를 하는 시간까지 더하면 우리는 10년 이상 취업 준비에 몰두하는 것이다. 그렇게 어렵사리 첫 직장에 취업하지만, 한국고용정보원 2019년도 조사에 따르면 청년 취업자의 43%는 입사 후 2년을 채우지 못하고 그만두는 것으로 나타났다. 그중 23%는 1년이 되기도 전에 퇴사했다.

소기업의 경우 2년 이내 퇴사하는 비율이 50%에 가까웠고, 대기업 역시 35%로 나타났다. 이상한 일이다. 10년이나 노력해 첫 직장을 갖게 됐는데, 우리는 왜 2년도 안 되어 그곳을 떠나고 있을까.

영민 씨는 2년 6개월 만에 첫 직장을 그만뒀다. 그 역시 첫 직장을 갖기까지 많은 시간이 걸렸었다. 전공과 다른 일을 해보고 싶어 새로운 공부를 했지만 취업은 녹록지 않았다. 타이밍을 놓쳐버려서였을까, 영민 씨는 학교를 졸업한 후에도 한참 동안 취준생으로 지냈다. 그러다 우연한 기회로 서울의 S회사에 취업하게 됐다. 영민 씨는 막내였고 경험이 없었다. 반면 동료들은 나이와 경력 면에서 모두 선배였다. 영민 씨에게는 모든 게 새롭고 낯설었지만 동료들에겐 익숙한 일이었다. 영민 씨는 최선을 다했지만 버거웠고 버거운 만큼 더 많이 노력했다. 영민 씨는 일을 하면서 젊었을 때 고생은 사서 해도 된다는 말을 자주 들었다. 선배들은 영민 씨에게 청년은 실수해도 괜찮다며 과감히 도전하라고 했다. 그렇지만 회사 안에서 영민 씨의 사소한 실수는 크게 회자되는 반면 동료의 실수는 웃어넘겨졌다. 영민 씨가 지각하면 체력 관리도 잘 못하고 마음이 해이해져서 규칙을 쉽게 어긴다는 소리를 들었지만, 사실 다른 선배들은 거의 매일 조금씩 지각을 했다. 청년에 대한 선배들의 이중잣대는 영민 씨를 위축시켰다. 영민 씨는 의아했지만 그럼에도 불구하고 첫 직장이었기 때문에 '청년답게' 행동하기 위해 더 노력했다.

사회초년생을 바라보는 회사 구성원들의 시선은 그리 너그럽지 못했다. '막내니까' 이것도 다 경험이 된다며 귀찮은 일을 떠맡겼고, '젊으니까' 금방 적응할 수 있지 않느냐며 기다려 주지 않았다. 어엿한 직장인의 모습을 꿈꿨지만, 현실은 회사의 기대에 자신을 맞추느라 급급했고 당장 주저앉아도 이상하지 않을 만큼 자신을 쥐어짜고 있었다. 첫 직장에서 못 버티면 다른 데 어딜 가도 못 버틸 거란 패배감을 애써 지우며 헤쳐나가려 했지만, 결국 번아웃이 오고 말았다. 마음을 다쳤고 원인을 알 수 없는 통증이 찾아왔다. 고작 2년 반을 버텼지만 그보다 많은 시간이 지나도 회복하기 힘든 열등감에 사로잡혔고, 그동안의 노력이 무색하게도 깊은 무력감에 빠지고 말았다.

첫 직장의 로망이 번아웃으로 변하기 전에 영민 씨가

퇴사했더라면 내상이 덜했을지도 모른다. 나는 영민 씨 같은 이들을 위해 퇴사를 잘 하기 위한 법률적 정보를 소개하면서도, 무엇보다 마음이 다치기 전에 꼭 그곳을 빠져나오라고 덧붙인다. 선배들의 이중잣대, 기다려 주지 않는 조급함, 사회초년생의 의욕을 이용한 허드렛일 또는 과도한 노동의 끝에는 번아웃이 있었다. 퇴사를 권하는 건 어쩌면 무책임한 말일 수 있다. 하지만 무너져 버리기 전에 기꺼이 퇴사를 선택하는 것이 자신을 지키는 일이다. 이 사실을 모두 잊지 않으면 좋겠다.

내가 이상하다는 착각

2학년까지 성실하게 대학교 생활을 하다가 3학년 1학기를 등록하지 않고 휴학을 했다. 그때는 어른들에게 속았다고 생각했다. 어릴 때 찐 살은 크면 다 키로 간다던 어른들의 거짓말은 20살이 되면 하고 싶은 거 다 할 수 있다는 거짓말로 진화하면서, 10대에 주어진 시간을 유보시켰다. 그럴듯한 거짓말이 통하지 않는 10대에게는 억압이 가해졌다. 야간자율학습, 교복, 내신, 모의고사, 수능이란 이름으로 감금에 가까운 사회적 감시를 당했다. 그렇게 어른들이 시키는 대로 억압의 시간을 차곡차곡 견뎌 20대가 됐으니 이제 보상이 주어질 줄 알았지만 현실은 달랐다.

20살이 되면서 잠깐 반짝거리는 듯했지만, 곧 다시 경쟁이 시작됐다. 학점 관리, 토익, 공모전, 봉사 활동, 대외 활동 등 10대 때 유보한 시간 못지않게 20대가 되어서도 많은 시간을 견뎌내야 했다. 나는 경쟁 분위기가 덜한 학교를 다녀 비교적 사정이 괜찮았지만, 나 역시 학점 관리와 대외 활동, 아르바이트를 병행하며 바쁘게 지내야 했다. 그러다 문득 어른들이 시키는 대로 살아왔는데, 20살이 넘어서도 하고 싶은 거 다 하기는커녕 여전히 보이지 않는 누군가가 요구하는 과업을 달성하기 위해 노력해야 하고, 여전히 보이지 않는 괴담의 주인공이 되지 않기 위해 쫓기듯 살고 있다는 생각이 들었다. 완전히 속았다는 생각이 들면서 전격 휴학을 선언했다. 학교를 쉬는 이 시간은 평생 한 번밖에 없을 자유 같았다. 정말 오래 갈망했던 자유지만 자유롭기 위해서는 일종의 알리바이가 필요했다. 시간을 허투로 쓰지 않았다는 걸 증명하기 위해 컴퓨터 자격증 공부를 시작했고, 몇 개월 만에 자격증을 딴 후에야 마음이 가벼워졌다. 그러나 여전히 마음 한편에는 별다른 목적 없이 휴학한 것에 대한 불안이 자리하고 있었다.

지금 생각하면 그때 느꼈던 불안은 모험할 때 느끼는 종류의 불안이었다. 회사에 입사하기 위해 쓰는 자기소개서 몇 장으로 어릴 적부터 지금까지 이 회사의 인재가 되기 위해 내가 어떤 시간을 보내왔는지 증명해야 했고, 그 시간 속에서 무엇을 배웠는지 설명해야 했다. 주어진 시간 동안 무얼 배우거나 성취하지 않으면 무의미한 시간을 보낸 거나 다름없다는 강박이 들었다. 그래서 휴학하고 돈이 필요해서 시작한 카페 아르바이트에 대하여 카페 경영이나 고객 응대, 커뮤니케이션 기술 같은 것들을 배우는 기회였다는 말도 안 되는 거짓말을 지어냈다. 나중에는 거짓말인지 아닌지 구분하기 어려울 정도로 거짓 통찰들을 내 것으로 만들었다.

우리는 사회에서 일반적이라 여기는 기준을 따르기 위해 부단히 노력하며 살아간다. 내가 바로 그 사회를 구성하는 하나의 작은 단위지만, 사회가 요구하는 과업이나 기준을 과연 누가 정했냐고 묻는다면 그 부분에서 나는 의결권을 행사해 본 적이 없다. 사회 구성원이지만 사회가 요구하는 일반적 기준에 대해선 항상 이질감을 느꼈다. 그렇지만 일반적이지 않은 삶을 선택하는 건 큰 용기가 필요한 일이다. 사회적인 존재로서 기준에서 벗어나지 않기 위해 때가 되면 학교를 졸업하고 스펙을 쌓아 취업하는 과업을 달성하느라 애써야 했다. 사회의 기준에 부합하기만 한다면, 무난한 삶이 펼쳐질 거라 기대했으나 또 다른 시작일 뿐이었다. 공허한 삶의 여정은 우리에게 과업을 달성하기만 하면 무사할 것이라고 안심시켰지만, 어느덧 직장인이 되어 맞닥뜨린 장면은 지금까지와는 다른 거친 현장이다. 누구도 미리 학습하거나 준비하긴 어려웠을 것이다.

처음으로 직장인이 되어 느낀 건 내가 없어도 회사는 아무 문제 없이 잘 굴러간다는 사실이었다. 나에게는 모든 게 새롭지만 회사는 지루할 만큼 똑같은 패턴의 연속이고, 나는 모르는 것투성이지만 나를 제외한 동료들은 다 알고 있는 것 같은 불안이 엄습한다. 낯선 공간, 낯선 사람들 속에 나 혼자만 바보가 된 것 같은 외로움에 갇힌다. 실제로 나는 첫 직장을 다니다 대표에게 편지를 쓴 적이 있다. '대표님, 저는 너무 어려워서 못하겠어요. 다른 분들은 일에 대해 다 잘 알고 있는 것 같아서 질문하기도 민망하고 자꾸만 위축돼요. 저는 준비할 시간이 더 필요할 것 같아요'라고. 보내진 못했었다. 어려운 일을 꾸역꾸역 해야 하는 스트레스와 내가 제대로 이해했는지 확신이 서지 않는 불안 속에서도 아무렇지 않은 표정을 짓는 내가 뻔뻔하고 서러웠다. 무슨 이별 노래처럼 말로 하기엔 말을 꺼내기도 전에 울어버릴 것 같아서 편지를 썼었다. 지금은 웃으면서 이야기할 수 있지만, 당시 나에게는 정말 큰 위기였다. 이렇듯 처음하는 직장 생활은 수많은 변수가 존재해 지금껏 쌓아온 방어력으로는 대비할 수가 없다. 어른이 되는 의식처럼 의심 없이 받아들였던 규칙들도 정작 직장인이 되어 맞닥뜨릴 것들을 미리 학습하거나 준비하는 데 별 도움이 되지 않는다. 아주 드물게, 이런 사회초년생의 모습을 가엾게 여기며 진심으로 도와주려는 사람도 있다. 대개는 이런 모습을 내버려 두는 방관자이거나, 자신의 우월한 지위와 능력을 과시하려는 '꼰대'지만.

  가방끈이 길고 스펙을 많이 쌓았더라도 사회초년생은 신생아 같은 존재다. 주위의 도움과 충분한 시간이 필요한 게 당연하지만 회사는 기다려 주지 않고, 알아서 살아남게 둘 뿐이다. 회사는 성과를 가장 중요하게 여기고 성과를 많이 내기 위해 효율성은 매우 중요하기 때문에 누군가를 교육하고 훈련시킬 여유가 없다. 멀쩡히 돌아가는 회사 안에서 무슨 일을 어디서부터 시작해야 하는지 잘 모르는 사회초년생은 불안감과 외로움과 위축, 자괴감, 온갖 괴로움을 느낀다. 아무렇지 않은 회사와 자신은 이질적인 존재로 보이지만, 회사처럼 아무렇지 않아지기 위해, 떳떳하게 조직의 일원이 되기 위해 다시 또 노력의 레이스를 시작한다.

그렇지만 번아웃을 겪어본 사람은 안다. 어딘가에 신경을 기울일 수 있는 총량은 정해져 있다는 것을. 일방적으로 자신을 희생해 조직에 끼워 맞추는 순간 균형은 흐트러질 수밖에 없다. 점점 자신을 잃어가다 몸과 마음 구석구석에서 통증을 얻게 된다. 우리는 지금껏 충분히 열심히 살았다. 성과와 효율에 치중된 나머지 개인의 희생 위에 성장하는 조직은 사회초년생을 기다려 주지 않는 불친절한 곳이다. 그러니 내가 이상하고 무능력하다는 착각에 빠질 필요없다. 일터에서 무엇보다 중요한 일은 나를 잃지 않는 것이다.

억울함이 집착으로

가끔 상담을 하다 보면 그런 회사에 왜 남아 있냐는 말이 턱 끝까지 올라올 때가 있다. 직장 상사의 폭언이 너무 심하거나, 엽기적일 만큼 비상식적인 직장 내 괴롭힘 사례를 상담할 때 그렇다. 희연 씨는 매일같이 직장 상사에게 욕설을 듣고 있다. 차마 입에 담기 어려운 상스러운 말이지만, 남성 위주의 현장에서 오래 일하다 보니 살아남기 위해 체득한 의사소통 방법이라고 이해하려 했었다. 그렇지만 시간이 갈수록 이해가 되기는커녕 스트레스만 심해졌고, 상사의 욕설은 나날이 거칠어졌다. 경험해 본 사람은 알겠지만 분노의 표현이 담긴 욕설은 그 자체로 위협적이다. 나는 어느 날 지나가다 마주친 남성이 나를 향해 욕설 한마디를 툭 던진 것만으로 다리가 후들거렸었다. 그런데 매일 만나야 하는 직장 상사에게 욕설을 듣다니, 희연 씨는 언제 총성이 울릴지 모르는 전쟁터에 있는 것이나 다름없었다.

수영 씨는 직장 상사와 사택을 나눠 사용하고 있었다. 퇴근한 후에도 직장 상사와 생활을 공유해야 한다는 게 여간 피곤한 일이 아닐 수 없지만, 수영 씨는 상상 이상의 곤혹을 겪고 있었다. 직장 상사는 퇴근 후에는 수영 씨에게 저녁밥을 차리라 하고 주말에는 빨래를 시켰다. 청소는 물론 생필품이나 식재료 구입도 수영 씨의 몫이었고 심지어 그 비용을 모두 수영 씨가 부담해야 했다. 스트레스가 심했지만 수영 씨는 회사를 다니려면 사택을 이용할수밖에 없고, 사택을 이용하려면 다른 선택지가 없으므로 어쩔 수 없이 참아왔다. 직장 상사의 반찬 투정은 어느새 욕설로 변했고, 그렇게 3년이 지났다. 희연 씨와 수영 씨는 법적으로 직장 상사에게 책임을 물을 수 없냐며 상담을 요청했지만, 나는 이 둘이 상담을 받을 때가 아니라 지금이라도 회사를 탈출해야 한다는 생각이 앞섰다. 그렇지만 회사를 떠나는 건 쉬운 결정이 아니고, 희연 씨와 수영 씨도 마찬가지였다.

'회사'가 이들을 괴롭혔던 것은 아니다. 오히려 회사는 개인의 삶에 여러모로 도움이 되는 곳이다. 기본적으로 회사는 월급을 주는데, 월급으로 우리는 밥벌이 이상을 누릴 수 있다. 예쁜 옷과 신발, 화장품도 살 수 있고, 보고 싶은 책이나 공연도 볼 수 있으며, 좋아하는 사람과 여행을 가거나 가족과 근사한 곳에서 식사하는 것도 가능하게 한다. 월급은 단순히 유물론적 의미만 갖는 것이 아니다. 돈을 저축하는 것에서 만족감을 느끼는 사람도 있지만, 대체로 즐거운 시간을 보내기 위해 기꺼이 돈을 지불하며 살고 있다. 그리고 회사를 다녀야 그런 월급을 받을 수 있다. 또한 어딘가에 소속해 있는 것 자체에서 오는 안정감과 무언가 도움되는 일을 하고 있다는 보람도 개인에게 중요한 의미를 갖는다. 쓸모 있는 어른으로 성장했다는 안도감이랄까. 엄밀하게 구분하면 희연 씨와 수영 씨를 힘들게 했던 건 회사가 아니라 '직장 상사'였다. 그래서 이들은 직장 상사만 없어지면 아무 문제가 없을 거라고 믿었고, 회사가 주는 이점을 누리려면 어느 정도 스트레스는 감수할 수 있다며 긴 시간을 버텼다.

두 사람의 판단이 맞았을까. 정말 직장 상사만의 문제일까. 심한 욕설과 비정상적인 관계를 오랜 기간 방치한 회사는 아무런 책임이 없을까. 답은 정해져 있다. 운 좋게 직장 상사가 먼저 퇴사를 하더라도 말 그대로 운이 좋았을 뿐이지, 비슷한 일은 반복될 수 있다. 그리고 그때에도 회사는 높은 확률로 비정상을 목격하지만 모른 척할 것이다. 괴롭힘의 고통은 괴롭힘을 당하는 자의 몫이라 미뤄두고 회사는 방관할 뿐이다. 희연 씨와 수영 씨도 이 같은 사실을 모르진 않았다. 단지 회사를 떠나야 할 사람은 자신이 아니라 직장 상사여야 했고, 그렇게 되려면 직접 괴롭힘을 가하는 직장 상사를 유일한 악으로 상정해서 조직과 자신을 동일시해야 했다. 일종의 편 가르기에서 우위를 점하고 싶은 마음이었을 것이다. 이렇듯 궁지에 몰려있을수록 현실을 직시하기란 참 어렵다.

심한 수준의 직장 내 괴롭힘을 당하면서도 회사를 그만두지 못하는 이유가 뭘까. 부당한 상황을 겪어야 하는 무력감이 더 큰 무기력을 불러와 아무런 대응을 하지 못하게 되는 악순환이거나, 아무 잘못을 하지 않았는데도 괴롭힘을 당했으니 억울함을 풀고야 말겠다는 마음일 수 있다. 피해자가 먼저 퇴사하면 부당한 상황에 맞서지 못하고 도망쳐 버린다는 두 겹의 상처가 될 수 있고, 또 다른 피해자를 막기 위해서라도 여기서 괴롭힘의 고리를 끊어야 한다는 마음일 수도 있다. 어쨌든 사람의 마음을 일률적으로 규정하는 것은 불가능하므로, 나라면 어땠을까 되돌아볼 뿐이다.

궁금한 것도 많고 의욕도 많았던 학생 시절, 당시에는 광우병 소고기 수입을 반대하는 촛불집회가 한창이었다. 뭣도 모르고 선배들을 따라가 마주한 광장에서 해방감을 느끼면서 사회의 여러 불합리함을 공부하고 싶어졌다. 학교에서 수업을 듣거나 책을 찾아보며 하는 공부는 어딘지 모르게 밋밋했고, 한계가 분명했기 때문에 나는 여름 방학 두 달 동안 한 시민단체에서 인턴을 하기로 했다. 무급이었지만 이력서와 자기소개서를 내고 면접까지 본 후에야 합격할 수 있었다. 배우고 싶은 것도 경험하고 싶은 것도 많았다. 기대가 컸던 만큼 열심히 하기 위해 마음을 단단히 먹었다. 그렇지만 얼마 지나지 않아 완전히 의욕을 잃었다. 보통의 직장 내 괴롭힘 피해자가 그렇듯이, 내가 잘못한 건 거의 없었다.

인턴을 시작한 지 얼마 되지 않았을 때 대표의 지인이 단체에 찾아와 우리에게 점심밥을 샀었다. 나는 매일 단체 카드로 결제한 식대 영수증을 챙겨 한 부를 복사한 뒤 파일에 꽂아두는 일을 했는데, 그날은 점심을 얻어먹은 거라 단체 카드를 사용하지 않았다. 그러나 매일 하던 일이라서 그랬는지 영수증을 챙기지 못했다고 착각했다. 곧바로 단체 대표에게 영수증을 챙기지 못해서 식당에 다녀오겠다고 말했는데, 대표는 소리를 지르면서 손님이 밥 사준 것까지 영수증을 왜 챙기냐고, 영수증 챙기는 일이 어려운 것도 아닌데 왜 정신을 똑바로 차리지 않는 거냐며 나를 탓했다. 너무 창피했다. 바보 같은 실수를 해서 창피했고 누군가에게 큰 소리로 질책당한 적은 처음이라 어떻게 대처해야 할지 몰라 당황스러웠다. 아무 말도 못 한 채 몸이 굳어버렸다. 이런 상황은 이후에도 여러 번 반복됐다. 사소한 실수에도 대표는 나를 비난했고 주위에 누가 있는지 신경 쓰지 않고 언성을 높이며 분노했다. 그럴 때마다 나는 세상에서 제일 못난 사람이 된 것 같았다. 자연히 단체의 일을 배우고 싶은 마음은 사라졌고 그저 눈에 띄지 않게 조용히 시간을 때우다 인턴 기간이 끝나길 바랄 뿐이었다.

나는 대학생이었고 무급 인턴이었기 때문에 그만두더라도 직장인이 회사를 그만둘 때처럼 타격을 받지는 않았다. 물론 계약 기간이 정해져 있어서 조금만 참으면 된다는 특수성도 있었지만, 계약 기간이 끝나기 전에 그만두겠다는 생각은 하지 못했다. 결론부터 말하면 나는 인턴 기간을 꽉 채우고 그만두면서 송별회까지 참석했다. 아직도 생생하게 기억나는데, 국회의사당역 근처에서 우리는 마지막 저녁식사를 했고 나는 볼일이 있다며 먼저 자리를 일어섰다. 20대 초반 어느 가을, 직장인들이 빠져나간 국회의사당역 옆 골목은 유난히 한산했고, 나를 묶고 있던 누군가에게 벗어났다는 시원한 기분이 들었다. 여름이 가고 찬바람이 불기 시작하던 계절과 맞아떨어지면서 굴러다니는 낙엽처럼 가벼운 발걸음으로 그곳을 지나던 기억이 있다. 대신 짧지만 굵은 폭력의 시간을 치유하기 위해 그보다 긴 시간이 필요했다. 내가 왜 먼저 단체를 그만두지 않았는지 곰곰이 생각해 보면, 나는 지고 싶지 않았던 것 같다. 나에게 너무나도 가혹했던 대표에게서 도망치고 싶지 않았다. 당신이 가해자고 나는 피해자니까 내가 먼저 당신을 피하지 않겠다는 일말의 자존심이었다.

희연 씨와 수영 씨도 비슷한 마음이지 않을까. 회사에서 뜻밖에 직장 내 괴롭힘을 겪게 됐지만, 자신을 피해자로 한정하는 순간 누군가의 지원을 받거나 이 상황을 벗어나야 하는 수동적인 존재가 되어버린다. 문제를 적극적으로 해결하기 위해 맞서 싸울 용기는 없지만, 적어도 굴복하지 않으려면 가능한 오래 버티는 선택을 할 수밖에 없었다. 그렇지만 회사는 희연 씨와 수영 씨가 상담을 요청할 정도로 힘들어할 때까지 먼저 나서서 도와주지 않았다. 직장 내 괴롭힘으로 신고할 수 있을 만큼 심각한 수준이었지만, 현실적으로 회사가 비협조적인 태도를 갖고 있다면 피해자가 혼자 싸워서 이기기는 매우 어렵다. 나는 아직도 인턴을 했었던 단체의 대표 얼굴을 보는 게 무섭다. 고작 2개월이었지만 피해는 상당했다. 그 후 다시는 나를 학대하는 상황을 견디지 않겠다고 마음먹었다. 어쩌면 당연한 거지만, 공부하고 싶었던 마음을 꺾을 정도의 실망과 아무 잘못도 하지 않은 내가 먼저 그만두는 억울함을 견디기 싫어 집착을 만들었는지도 모르겠다.

직장 내 괴롭힘 상담을 할 때 종종 이런 말을 덧붙인다. "충분히 부당한 상황이라고 볼 수 있지만, 본인의 건강을 생각해 그런 회사는 그만두고 마음을 추스린 후 새로운 회사에 취업하는 것도 하나의 선택지가 될 수 있습니다."

직장 내 괴롭힘을 당하는 상황에서 벗어나는 것은 결코 도망치는 게 아니다. 회사가 도와줄 거라는 기대는 하지 않는 게 좋다. 대부분 다른 사람들은 남의 일에 크게 관심을 갖지 않는다. 직장 상사에게 문제의 원인이 있지만 이를 방치한 회사 역시 공범이나 다름없다. 이럴 때 회사는 개인에게 긍정적인 역할을 하기보다 오히려 개인의 희생을 먹이 삼아 기생하는 존재로 뒤바뀐다. 생각이 복잡해질수록 오로지 자기 자신만을 우선순위에 둘 때 가장 현명한 선택을 할 수 있다.

확실하지만 작은 행복

생일 케이크에 꽂힌 촛불 앞에서 다른 사람들은 어떤 소원을 비는지 늘 궁금했다. 나는 딱히 소원이라고 할 만한 게 없었다. 내 소원은 나와 내 가족, 강아지, 친구들과 그 밖에 내 주위 사람들이 행복했으면 좋겠다 정도였다. 다른 사람들도 크게 다르지 않을 거라 생각한다. 행복이라는 건 상투적이지만, 먹고 싶은 게 있으면 먹고 사고 싶은 것 정도는 살 수 있는 삶이야말로 평범한 행복 아닐까. 대부분의 직장인들은 이런 평범한 일상을 바라며 직장 생활을 해나간다. 우리가 바라는 건 대단한 게 아니다. 정해진 시간 동안 일을 하고 그 외의 시간에는 가족이나 친구와 시간을 보내는 것. 이걸 큰 욕심이라고 할 수 있을까.

한때 '소확행'이라는 말이 유행했었다. 소소하지만 확실한 행복이라는 뜻이다. SNS를 보면 근교로 여행을 떠나거나 맛집을 찾아 가거나 갖고 싶던 물건을 구입한 사진 아래 소확행이라는 해시태그가 붙는다. 참 예쁜 단어다. 요근래 행복했던 기억을 떠올려 보면 강아지와 공원을 산책했을 때, 친구들과 한강변에서 피자에 맥주를 마셨을 때가 떠오르는 것처럼, 소확행은 생각만 해도 마음이 따뜻해지는 기억을 연결해 주는 단어다. 하지만 소확행은 평일 동안 쪼그라들어 있던 몸과 마음이 그나마 기지개를 켜는 것 정도의 도피에 불과하다. 주말 이틀을 쉬어도 피로가 풀리지 않을 때, 일요일 오후가 되면 왠지 모르게 우울해질 때 이러한 상실감이 올라온다. 그러다 주말에도 일해야 할 정도로 바쁜 날이 이어지면 소확행은 돈과 시간 중 하나만 부족해도 누릴 수 없다는 것을 알게 된다.

주휴일 제도는 일하면서 쌓인 피로를 회복할 수 있도록 일주일 중 하루를 유급으로 보장하는 제도다. 일을 하지 않고 쉬는 날인데도 임금을 지급하도록 한 것은 실질적인 휴식을 보장하기 위한 취지다. 최저임금을 기준으로 주 40시간을 일할 경우 한 달에 약 30만 원의 주휴 수당을 받는다. 주휴일이 유급이 아니라면 30만 원의 임금이 덜어질 수 있기 때문에 주휴일 제도는 임금의 큰 부분을 차지한다. 단 주휴일은 다음 주의 근로가 전제되었을 때만 보장된다. 만약 이번 주 월요일부터 금요일까지 일한 경우 주말 중 하루가 유급 주휴일이 되지만, 이번 주 금요일까지만 일하고 퇴사한다면 이번 주에는 주휴일이 없다. 즉 주휴일은 한 주의 피로를 회복하고 다음 주에 또 일할 수 있도록 재생산에 초점을 맞춘 제도다. 적당한 보호를 통해 노동자의 투쟁을 억제하고자 사회법으로써 노동법이 등장했던 역사적 맥락이 고스란히 주휴일 제도에도 담겨 있는 것이다. 마치 정해진 시간에 작동시킬 수 있도록 기계의 배터리를 충전시키는 원리와 비슷하다.

소확행을 누리는 시간조차 일 중심으로 설계된 구조의 일부이고, 일하고 남은 자투리 시간을 이용해야만 소확행이 가능하다. 인간을 기계 부품으로 묘사한 영화 〈모던타임즈〉가 여전히 유효한 셈이다. 소확행은 착취를 당하면서도 자본주의 시스템에 굴복한 인간이 찾은 숨통에 불과하다며 거대담론을 이야기하는 사람도 있다. 하지만 나는 소확행을 통해 우리가 얼마나 성실하게 살아왔는지를 이야기하고 싶다. 일하는 시간 동안 일하기 위해 물리적으로 몸을 움직이고, 직장과 관계를 유지하기 위해 마음까지 움직인다. 열심히 일하는 것은 기본이고, 직장 상사의 비위를 맞추거나 재미없는 농담에 억지로 웃는 감정노동까지 해야 한다. 직장 상사에게 욕을 먹는 '욕값'도 월급에 포함되어 있다는 자조에 공감하지 못하는 사람은 없을 거다. 최선을 다해 자기 자리를 지키지 않는다면 누군가에게 대체되기 십상이라는 위기의식이 스스로를 채찍질한다. 일을 하면 할수록 성실해야만 살아남을 수 있다는 것을 본능적으로 체득하게 된다.

한번은 정년퇴직을 앞둔 노동자의 산업재해 상담을 하다가 하마터면 눈물이 날 뻔했다. 어깨 관절 파열, 팔꿈치 염좌, 목디스크, 허리디스크까지 몸이 성한 데가 없었다. 얼마나 오랜 시간 성실하게 일을 해왔을까. 그의 몸은 고된 노동의 시간을 고스란히 간직하고 있었다. 성실하게 직장 생활을 하면서 가족과 평범한 살림을 꾸리며 살아왔을 뿐인데, 그 대가로 여기저기 성하지 않은 곳이 없는 몸을 얻었다. 회사가 짠 스케줄에 맞춰 출근하라는 시간에 출근했고 쉬는 시간에는 쉬었고, 특근을 하라고 하면 주말에도 출근을 했다고 한다. 차라리 억만장자가 되겠다는 욕심이라도 부렸다면 덜 억울했을지도 모르겠다.

《우리는 왜 이렇게 오래, 열심히 일하는가?》에서 어떤 노동조합 운동가는 "고된 노동이 정말 그렇게 위대한 것이라면, 부자들은 그걸 모두 독차지했을 것이다"라고 말했다. 경제 활동을 하기 위해 일하는 것은 당연하지만, 우리는 너무 일에 치우친 삶을 살고 있다. 소확행이라는 소박한 꿈조차 일하지 않는 시간에만 누릴 수 있다. 주휴일처럼 소확행 역시 재생산의 도구일 뿐이지만, 우리는 그것을 '확실한 행복'이라고 부른다. 우리 삶에서 일은 분명 중요한 이슈지만, 일이 아닌 것을 통해서도 성장하고 즐거움을 느낄 수 있어야 한다. 우리에게 주어진 시간이 일에만 잠식되지 않으려면 기본적인 노동법을 공부해 노동자로서 보호받아야 할 권리를 알아야 한다. 그래야만 내시간의 주인이 될 수 있다. 일의 일부로써 행복 말고 행복의 일부로써 일이 존재할 수 있도록 말이다.

기울어진 운동장

'실패는 성공의 어머니'라는 말을 처음 들었을 때부터 기만이라고 느꼈던 건 아니다. 넘어져도 굳세게 일어서면 언젠간 실패를 딛고 단단하게 성공할 수 있을 거라고 믿었다. 하지만 첫 직장을 그만둔 후 불안감에 몸부림치면서 실패는 절대 성공의 어머니가 될 수 없다고 확신했다. '내가 여기서 그저 그런 일자리를 갖게 된다면, 다시는 재기할 수 없을 것이다. 그러니 이번에 어떻게든 노무사 시험에 합격해야 한다.' 매일 주문을 외우며 절절매던 불안감은 채찍이 되어 깊은 자기혐오를 남겼다. 마음의 병이라고 하기엔 내 고민, 내 바람은 평범한 청년의 현실이었다.

우리 사회는 한번 실패하면 다시 일어날 기회를 주지 않는다. 외환위기 이후, 우리 사회는 당면한 위기를 극복하기 위해 노동자를 해고하고 비정규직을 마구 사용하기 시작했다. 경제가 회복되면 노동시장은 다시 제자리를 찾을 것이고, 일시적으로 비정규직이 되더라도 정규직이 되기 위한 단계에 불과하다는 달콤한 거짓말로 비정규직을 양산했다. 그렇지만 한번 비정규직은 영원히 비정규직에서 벗어나지 못했다. 비정규직 노동자에게는 기회가 주어지지 않았고, 비정규직 경력은 이후에 더 좋은 일자리를 얻는 데 도움이 되지 않았다. 이런 현실을 보고 자란 청년들은 단 한 번의 실패가 내 인생 전체를 지배할 수도 있다는 걸 이미 알고 있었다. 그래서일까. 우리는 청소년 시절부터 끝도 없는 경쟁을 운명처럼 덤덤히 받아들이게 됐다.

하지만 좋은 일자리를 찾기 위한 경쟁은 불평등했다. 좋은 대학을 나와 좋은 일자리를 가질 수 있는 사람은 대부분 안정적인 환경과 다양한 기회를 누리게 해줄 넉넉한 집안을 갖고 있었다. 드라마 〈SKY캐슬〉은 상위 계층이 되기 위해 자녀의 교육과 입시에 집착하는 집안의 모습을 그렸다. 하지만 입시가 그만큼 중요하다는 걸 알면서도 모두가 입시에 집착하진 않는다. 아니, 집착하지 못한다. 예서는 'SKY캐슬'이라는 부유한 환경에서 뛰어난 정보력과 재력을 바탕으로 최고의 교육을 받았지만, 예서의 부모처럼 좋은 직업과 인맥을 갖고 입시에 유리한 정보에 접근할 수 있는 사람은 드물다. 그러니 의사 집안에서 의사가 나길 반복하며 그들의 기회와 특권이 강화되는 것이다.

《20 vs 80의 사회》의 저자 리처드 리브스는 이러한 현상을 '기회의 사재기'라고 표현했다. 노동시장에서 성공하는 데 필요한 능력을 발달시킬 기회가 나고 자란 환경에 따라 불평등하게 주어진다는 것이다. 한 사람의 사회경제적 계층이 결정될 때 부모가 속한 계층의 영향을 얼마나 받는지 측정하는 개념을 경제학적으로 '세대 간 소득 탄력성'이라고 한다. 부모가 속한 계층에서 벗어나기 어려울수록 탄력성이 높게 나타난다. 세대 간 소득 탄력성 개념에 따르면 부모의 사회경제적 계층은 자식의 발목에 묶인 고무줄이 된다. 1부터 10까지의 계층 중에 부모의 계층이 9라면 자식이 1만큼 성공할 능력을 갖고 있어도 부모가 잡아당기는 고무줄 때문에 자식은 4정도 계층에 머물게 된다. 반면 부모의 계층이 1이라면 자식이 5정도 능력밖에 없어도 부모 덕에 3정도 계층까지 올라갈 수 있다.

부모에 의해 달라지는 능력 발달 기회는 '배제'의 다른 말이다. 애초에 기회를 접할 수 없는 사람이 훨씬 더 많다. 사회 계층은 내 노력만으로 얻은 능력의 결과라고 할 수 없다. 능력에 따라 공정한 기회가 주어진다는 착각은 특권과 특혜를 정당화한다. 불공정하고 불평등한 사회에서 내 능력을 키워 성공하겠다는 건 이루기 힘든 꿈이다. 그런 꿈을 꾸는 우리는 건강할 수 없다.

불평등한 사회 구조가 너무 거대한 나머지, 구조 속에서 예외가 되고 싶은 개인들이 치열한 생존 다툼을 한다. 기울어진 운동장에서 이길 수 없는 싸움을 하려면 더 강하고 더 독해야 한다. 내 몫을 잃지 않기 위해 끊임없이 타인과 나를 비교하며 경쟁한다. 불안할수록 타인에 대한 이타심은 사라지고 오직 자신의 생존만을 생각한다. 더 이상 공동체는 존재할 수 없다. 동료의 실수를 이해하지 못하고, 동료의 적응을 기다리지 않는다. 불평등 사회에서 받은 상처는 서로를 향한 칼날이 되고, 우리는 서로가 서로를 괴롭히는 가해자이자 피해자가 되어버린다.

어느 언론사의 인터뷰에서 직장 내 괴롭힘의 원인을 물은 적이 있다. 다듬어진 문장으로 대답하지 못했지만, 평소 가졌던 불평등 사회에 대한 고민이 머릿속을 둥둥 떠다녔다. 여러 원인이 있겠지만, 우리가 악착같이 지켜내야만 하는 것들이 많아졌기 때문이라고 생각한다. 최선을 다해 내 존재와도 같은 내 자리를 지켜내야 하고, 이것을 잃어버리면 더는 기회가 없다는 절박함이 동료에 대한 날선 태도와 삐뚤어진 보상심리로 표출되어 서로를 아프게 한다. 그저 그런 집안에서 태어난 대다수의 평범한 우리는 그렇게 단 한 번의 기회를 놓치지 않기 위해 계속해서 불안에 시달린다.

가해자를 응징하는 것으로 직장 내 괴롭힘에 경각심을 갖게 할 수 있지만, 직장 내 괴롭힘 없는 세상은 직장 내 괴롭힘의 원인을 개인에게서 찾는 것으로는 부족하다. 넉넉한 부모를 만나지 않아도, 명문이라 불리는 대학에 나오지 않아도, 대기업을 다니지 않아도 괜찮은 삶이 가능하다면 경쟁과 불안은 획기적으로 줄어들 것이다. 느긋한 태도는 모두가 대체로 괜찮게 살 수 있을 때 가능하다.

성실함이 죽음으로

아쿠아리움에서 아쿠아리스트로 일하던 노동자가 예기치 못한 사고로 물속에서 사망했다. 그게 내가 맡은 첫 번째 산재 사건이었다.

처음부터 사망 사건을 맡고 나니, 수습 기간 때 기록으로 봤던 자살 산재 사건이 떠올랐다. 종이 윗부분에 구멍을 뚫어 끈으로 묶어놓은 기록 더미에서, 종이의 오른쪽을 집게로 집어 넘겨볼 수 없는 부분이 있었다. 종이를 넘겨 읽던 관성 때문에 별생각 없이 집게를 제거하려던 찰나, 문서 제목이 눈에 띄었다. 현장조사 보고서. 손을 멈췄다. 본능적으로 보면 안 되는 문서라는 걸 알아챘다. 이걸 보면 오랜 기간 잊지 못할 잔상이 남을 것 같았다. 본능은 정확했다. 고인이 죽은 채로 처음 발견되었던 현장이 사진으로 고스란히 담겨 있는 보고서였다. 저마다의 사정이 있듯이 고인에게도 죽음을 선택해야 했던 사정이 있었을 것이다. 이런 사건을 맡은 노무사는 노동자가 자살하기 전 몇 개월 혹은 몇 년의 시간을 재구성해 보여줘야 한다. 정신 병력, 심리 변화, 정신적 스트레스를 유발할 만한 조건, 스트레스를 가중한 요인, 그 외 특이 사항이 있었는지 등을 살펴야 한다. 쉽지 않은 일이다. 산재로 인정받는 것도 쉽지 않고 누군가의 죽음을 가까이서 들여다보는 일은 생각만으로도 마음을 묵직하게 만든다.

젊고 건강한 사람이 근로시간 중 발생한 사고로 목숨을 잃었다. 명백한 산업재해라고 생각했지만 자세히 들여다보니 애매한 쟁점들이 있었다.

사망한 시점이 노동자가 자유롭게 쉴 수 있는 휴게시간이었는지, 실제로 일하진 않았지만 일에 투입되기 직전인 대기시간이었는지가 첫 번째 쟁점이었다. 휴게시간이라면 노동자가 자유롭게 이용할 수 있는 시간이므로 사고와 업무 관련성이 낮아지는 반면, 대기시간이었다면 언제든 업무에 임해야 하므로 업무 관련성이 높아진다. 두 번째 쟁점은 사고 원인이 된 행위가 사적인 행동이었는지, 업무에 수반된 행동이었는지다. 일하다 화장실을 가거나, 점심을 먹으러 가는 행동은 그 자체로 업무는 아니지만, 근로시간 중에 당연히 동반되는 행동이기 때문에 화장실이나 점심을 먹으러 가다 넘어져도 산재로 승인된다. 게다가 휴게시간에 스트레칭을 하다 사고가 나도 업무 준비를 위한 행위로 볼 수 있다면 업무 관련성이 인정된다. 내가 맡은 사망 사건은 이렇게 두 개의 쟁점이 있었다. 휴게시간 중 사적 행위를 하다 사망하게 된 건지, 대기시간 중 업무에 수반된 행위를 하다 사망하게 된 건지를 두고 다퉈야 했다.

보통 사건을 진행할 때 필요한 자료를 요청하거나 사실관계를 확인하려면 당사자에게 묻는 게 가장 빠르고 정확하다. 그렇지만 산재 사망 사건의 당사자는 이 세상에 없다. 어쩔 수 없이 유족에게 물어봐야 했다. 일에 감정을 싣지 않으려고 노력하지만, 자식을 먼저 떠나보낸 부모에게 전화해 사고 발생 경위를 구체적으로 묻는 건 도저히 못할 짓 같았다. 이 일을 우선순위 뒤로 미뤄놓고 다른 일을 먼저 처리하기도 했지만, 언제까지 망설일 순 없었다. 마음을 다잡고 꾹꾹 번호를 눌러 전화를 걸었다.

이후 유족급여 신청 준비까지 마치고 공단의 판정만 기다리고 있었다. 그런데 갑자기 판정위원회가 열린다는 통보를 받았다. 일하다 사고가 나서 산재 신청을 하면 공단에서 자체적으로 판정하는 반면, 일하다 질병에 걸리면 업무상질병판정위원회에서 심의 후 판정한다. 이 사건은 업무상 사고로 사망한 사건인데, 뜬금없이 판정위원회가 열린다는 것이다. 놀라기보다 먼저 화가 났다. 아프다는 소리 한번 못 내고 갑작스런 사고로 죽은 사람이 이 사실을 알면 얼마나 억울할까.

공단의 입장에 따르면, 심장마비가 온 후 뇌손상으로 사망한 것이니 심장마비를 업무상 질병으로 보고 판정위원회가 열린다는 것이다. 결국 판정위원회에 출석해 격양된 목소리로 말했다. "누구나 언제든 몸에 쥐가 날 수 있지만, 그렇다고 다 죽진 않습니다. 쥐가 나는 것처럼 몸에 이상 증세가 발생했는데 하필 물속에서 일하는 사람이었기 때문에, 물속이라는 업무 환경의 특성이 죽음에 이르게 한 것입니다. 따라서 이 사건은 판정위원회의 심의 대상이 아닙니다."

내 말이 받아들여졌다. 다음 날 공단은 판정위원회에서 심의하지 않기로 했다며, 공단에서 다시 심의한 후 연락을 주겠다고 했다. 일주일 후 공단에서 전화가 왔다. 핸드폰에 찍힌 지역 번호만 보고 이미 공단인 줄 알고 심호흡을 했다. 산재로 인정됐단다. 정말 다행이다. 당연히 그래야 할 것인데 쟁점이 된 부분들이 있어 걱정하지 않을 수 없었다.

그런데 마냥 기쁘지는 않았다. 통상 산재 사건에서 노동자를 지칭할 때 '고인'이나 '재해자'라는 표현을 사용하지만, 이번만큼은 '이 사건 근로자'라고 썼다. 이미 다쳐서 아픈 사람, 다쳐서 죽은 사람이라는 걸 공공연하게 적고 싶지 않았다. 유족이 내가 쓴 서면을 볼 수도 있는데, '고인'이라는 표현을 볼 때마다 얼마나 마음이 아플까. 자식이 태어나고 성장하는 매 순간 행복하고 기뻤을 텐데, 아직도 그 순간을 생생히 기억하고 있을 텐데, 부모보다 자식이 먼저 '고인'이 되었다는 걸 문장마다 확인시키듯 남기고 싶지 않았다. 그런데 산재 승인이라니. 이제 진짜로 그를 떠나보내는 느낌이 들었다. 진짜 이별이었다.

안타깝지 않은 죽음은 없지만, 산재로 승인됐다는 연락을 받은 후 더 슬퍼졌다. 다른 것도 아니고 고작 일하다 죽다니. 무슨 부귀영화를 누리려던 것도 아니고, 놀던 것도 아니고, 단지 성실하게 일했을 뿐인데. 일하다 사람이 죽었다. 마지막 말도 남기지 못하고 아프다는 비명도 지르지 못했다. 순식간에 다가온 죽음만큼 야속한 건 없다. 사건을 맡으면서 이기면 다 좋은 줄 알았는데 유독 마음이 복잡해졌다. 일하다 다치고 병들고 죽은 것에 대한 보상으로 산업재해가 승인되면 잘된 일이지만, 오히려 왜 사람이 일하다 죽어야 했는지 안타까움이 밀려온다.

가까운 사람이 죽었을 때, 있던 사람이 없어졌다는 걸 도저히 이해할 수 없었다. 죽음을 알 수 없지만, 죽음은 아무렇지도 않게 모든 걸 사라지게 했다. 이별은 새로운 만남이라거나 끝은 새로운 시작이라는 말은 죽음에 통하지 않았다. 죽음은 그냥 죽음이었다. 그러니 죽음을 예방하는 일에 최선을 다해야 한다. 중대재해기업처벌법은 예방할 수 있었던 산업재해를 예방하지 않은 기업에 책임을 무는 법이다. 죽음을 예방하지 못한 죄, 그 죽음의 책임을 회피하고 있는 죄는 엄중히 다뤄져야 한다. 일하다 죽는 사람이 없었으면 좋겠다. 우리는 잘 먹고 잘 살기 위해 일한다. 일해서 모두가 잘 살았으면 좋겠다. 이제는 정말로 고인을 떠나보낸다.

2장
—
아직은 부끄러운 사회

직장 내 괴롭힘

2018년 모 은행에서 신입사원들의 정신력을 강화하겠다며 신입사원 연수로 100km 행군을 해서 논란이 됐었다. 행군은 무박으로 이틀이나 이어졌는데, 그 과정에서 여성 사원들에게 피임약까지 지급한 것으로 밝혀졌다. 처음 있는 일은 아니었다. 어떤 기업은 신입사원을 해병대 캠프로 보내기도 했고, 등산을 시키기도 했다. 신입사원의 정신을 장악해야 한다는 발상의 출처는 어디일까. 앞으로 회사 생활을 견디려면 이 정도의 정신 무장은 필요하다는 것을 과시하려는 의도일까. 입사인지 입대인지 모를 연수는 드문 일이 아니었다.

2014년에는 대한항공 조현아 부사장이 객실 승무원의 서비스를 문제 삼으며 객실 서비스 책임자인 수석 승무원을 비행기에서 쫓아내기 위해 회항시켰던 사건이 있었다. 이른바 '땅콩회항 사건'이다. 이후 조현아 부사장은 항공보안법상 항공기 항로변경죄, 항공기 안전운항 저해 폭행죄, 형법상 강요죄와 위계에 의한 공무집행방해죄 등의 혐의로 구속 수사를 받아 일부 유죄가 인정됐으나 집행유예로 풀려났다. 2018년에는 조현아의 동생이자 대한항공 전무 조현민의 물벼락 갑질이 이슈가 됐다. 회의 중 광고대행사 직원의 얼굴에 음료가 들어 있는 컵을 던진 것이다. 얼굴에 물을 뿌리는 행위는 형법상 폭행에 해당할 수 있고, 도구를 사용할 경우 특수폭행에 해당한다. 그렇지만 폭행죄는 반의사불벌죄로, 피해자가 가해자를 처벌하는 것을 원하지 않는다고 의사 표시를 할 경우 조현민을 처벌할 수 없다. 결국 처벌 의사가 없다는 피해자의 뜻에 따라 무혐의로 사건이 일단락됐다.

요 근래 우리 사회는 각종 갑질 이슈로 조용할 날이 없었다. 2017년에는 한림대 성심병원에서 연말 행사로 간호사들에게 선정적인 장기자랑을 시켜 문제가 됐다. 당시 공기업을 다니던 친구와 함께 한림대 성심병원 기사를 보고 있었는데, 욕을 하던 나와 달리 그 친구는 "저런 데가 어디 한둘인 줄 아느냐"라며 냉소했다. 그러면서 덧붙였다. 자기가 제일 싫어하는 노래가 있다고. 아직도 그 노래를 들으면 쪽팔려서 숨고 싶다고. 친구가 취업하던 해에 한 방송사에서 아이돌 오디션 프로그램을 했다. 프로그램의 주제곡은 반복적인 가사와 중독성 있는 리듬의 노래였다. 신입사원이던 친구는 수십 번도 넘게 이 노래를 들으며 임원들 앞에서 출 춤을 연습했다. 퇴근하고 모인 동기들과 선택권을 박탈당한 채 억지로 춤 연습을 해야 했고, 마침내 임원들 앞에서 웃으며 몸을 흔들어낸 후에야 춤 연습을 멈출 수 있었다. 춤추는 행위는 정신적이면서 신체적인 것이지만, 친구의 정신과 신체는 자신의 것이 아니었다. 친구에게는 악몽 같은 시간이었지만, 임원들은 신입사원이 얼마나 말을 잘 듣는지, 얼마나 회사에 충성할 준비가 되어 있는지 볼 수 있는 흐뭇한 시간이었다. 신입사원에게 강요되는 장기자랑은 회사에 완전히 복종하도록 길들이는 세리머니 같은 것이었다.

2016년부터 국회는 갑질을 금지하는 각종 법안을 쏟아

냈다. 하지만 갑질을 금지하는 법은 2013년에 최초로 발의됐었다. 그땐 별로 주목을 받지 못해 임기 만료 법안으로 폐기됐지만, '땅콩회항 사건'으로 '갑질'이라는 단어가 사회적으로 통용되면서 국회의원 여럿이 근로기준법, 산업안전보건법 개정안을 발의했고, 특별법 형태의 법을 발의하기도 했다. 그러나 번번이 법안은 본회의장의 문턱을 넘지 못했다. 갑질계의 최강자가 나타나기 전까지.

2018년 10월 갑 중의 갑, 양진호가 세상에 드러났다. 한국미래기술 회장 양진호가 직원의 뺨을 때리는 영상이 언론에 공개됐다. 거기서 끝이 아니었다. 직원에게 살아 있는 닭을 활로 쏘라고 하거나 칼로 베라는 엽기적인 지시를 했고, 자신의 머리처럼 직원들의 머리를 알록달록하게 염색하도록 했다. 영상이 언론에 공개될 수 있었던 것은 양진호가 직접 자신의 행위를 촬영하라고 주변에 시켰기 때문이다. 처음에는 왜 바보 같이 영상으로 기록을 남겨서 덜미가 잡혔을까 생각하다가 금세 소름이 끼쳤다. 양진호는 엽기적인 방법으로 직원을 괴롭히는 것을 영상으로 찍어 나중에 재생해 볼 만큼 자신의 행위를 진심으로 즐기고 있었던 것이다. 직원들에게는 존엄성을 박탈당한 치욕스러운 기억이었지만, 양진호에게는 두고두고 회고할 만한 기념품일 뿐이었다.

일주일 후 양진호는 수갑을 찼고, 양진호를 다룬 기사는 3개월이 지나서야 잠잠해졌다. 그사이 순식간에 직장 내 괴롭힘 금지법이 만들어졌다. 국회에서 법이 재개정될 때는 먼저 해당 법안을 다루는 상임위원회의 동의를 거치고, 법제사법위원회에 회부돼 조문을 다듬거나 다른 법률과의 충돌 여부를 검토하여 법률로 적합한지를 심의한다. 최종적으로 국회의원 전원으로 구성된 본회의를 통과해야 비로소 법이 탄생한다. 직장 내 괴롭힘 금지법은 2018년 9월에 이미 상임위원회인 환경노동위원회에서 만장일치로 통과됐지만, 두 달 이상 법제사법위원회에 계류되어 있었다. '직장 내 괴롭힘'의 정의가 모호하다는 이유 때문이었다.

정확한 지적이었다. '직장 내 괴롭힘'의 정의는 모호했고, 모호해야 했다. 양진호의 갑질은 극도로 엽기적이고 잔인했기 때문에 언론의 주목을 받았고, 그제야 여러 죄목으로 수사를 받게 된 것이다. 직장 내 괴롭힘은 누구나 피해자가 될 수 있지만, 쉽게 드러나지는 않는다. 욕을 하거나 때리는 것처럼 명확한 경우도 있지만, 양진호가 그랬듯이 직원에게 술을 강요하거나 머리를 염색하게 한 것을 두고 단순히 '직장 생활을 하려면 이 정도는 참아야 한다'는 방어적 인식이 있었던 것도 사실이다. 또한 직장 내 괴롭힘의 기준은 사람마다 다르다. 술을 좋아하거나 술을 마셔야 돈독한 관계를 맺을 수 있다고 믿는 사람이 있는 반면, 술을 잘 못 마시거나 술기운에 기댄 관계에 익숙하지 않은 사람도 있다. 이렇듯 개인의 가치관에 따라 특정 행위를 직장 내 괴롭힘으로 인식하는지가 달라질 수 있는 모호함은 인간 세상의 다양성만큼이나 당연하다.

그렇지만 직장 내 괴롭힘 금지법이 법제사법위원회를 통과하게된 것은 이러한 당위성보다는 양진호 사례의 교훈 덕이 컸다. 양진호의 엽기적인 갑질을 처벌할 만한 법이 별로 없었던 것이다. 기껏해야 폭행죄와 동물보호법 위반혐의가 적용됐을 뿐, 직원에 대한 강요, 모욕, 협박 등은 현행법으로 다뤄지지 않았다. 2018년 연말, 직장 내 괴롭힘 금지법은 '양진호 방지법'이라 불리며 법제사법위원회와 본회의를 통과해 2019년 7월 16일부터 시행되고 있다. 대마왕 격의 갑이 등장하자 갑의 폭주를 막을 법이 만들어졌고, 우리나라는 아시아에서 최초로 직장 내 괴롭힘을 법으로 금지하는 부끄럽지만 자랑스러운 나라가 됐다.

근로계약서

제조업에서 일하던 상민 씨는 동료와 상사의 텃세와 거친 태도를 못 견디고 입사한 지 3개월 만에 퇴사했다. 컨베이어 벨트가 돌아가는 공장에서는 사소한 실수가 큰 사고로 이어질 수 있기 때문에 공장의 위계가 엄격했다. 특히 신입사원이 근무시간에 한눈팔지 않고 집중하게끔 텃세를 심하게 부렸다. 그 과정에는 욕설이나 협박이 동원됐다. 상민 씨는 누구나 거쳐야 하는 과정이라고 생각하면서도 말끝마다 욕하는 동료의 모습을 닮아갈까 봐 걱정됐다. 결국 저런 사람이 되고 싶지 않아 퇴사를 결심했다. 의식적으로 상민 씨는 사무직 일자리를 찾았다. 막연하지만 화이

트칼라는 점잖지 않을까 생각했고, 특히 전문적인 일을 하는 곳에서는 몰상식한 일을 당하지 않을 거라 기대했다. 그렇게 법률사무 공부를 한 뒤 법률사무소에 취업했다.

첫 출근을 한 날, 법률사무소답게 대표변호사는 근로계약서를 쓰자고 했다. 상민 씨는 근로계약서도 작성하지 않고 퇴근 시간도 들쭉날쭉했던 전 직장과 달리 법률사무소는 역시 법을 잘 지키는구나, 라고 안도했다. 그런데 근로계약서 내용을 확인한 순간 황당해졌다. 채용 공고에는 분명 정규직을 채용한다고 쓰여 있었지만 근로계약서에는 3개월 계약직이라고 기재되어 있었다. 그뿐만이 아니었다. 채용 공고에 적힌 것보다 훨씬 임금이 낮았다. 상민 씨는 임금 수준이 더 높은 집 근처 일자리에 갈 수도 있었지만, 이곳에서 안정적으로 일하며 법률사무 경력을 쌓고 싶어서 그곳을 마다했었다. 그렇기 때문에 채용 공고에 적혀 있던 근로 조건을 똑똑하게 기억하고 있었다. 하지만 상민 씨는 아무런 질문도 할 수 없었다. 근로계약서를 써야 한다는 걸 알면서도 먼저 계약서를 쓰자고 말하지 못하는 것처럼, 사장님 앞에서는 근로계약서 내용을 읽어 보는 것조차 눈치가 보였기 때문이다. 상민 씨는 궁금하고 찜찜했지만 아무것도 묻지 못하고 근로계약서에 서명했다.

대표는 손해 볼 게 없었다. 채용 공고와 근로계약서의 내용이 다르다는 걸 상민 씨가 모르고 서명했다면 내용을 꼼꼼히 확인하지 않은 상민 씨 탓이고, 알고도 서명했다면 바뀐 근로 조건을 수용했다는 의미로 보면 그만이었다. 이로써 대표는 자기 마음대로 근로 조건을 바꿔도 상민 씨가 아무 말도 못 한다는 것을 확인했다. 반면 상민 씨는 무력감을 느꼈다. 잘못됐다는 걸 알았지만 애써 표정 관리를 해야 했다. 근로계약서에 의문이라도 제기했다가 일자리까지 빼앗기는 건 아닐까 걱정되어 대표가 휘두르는 대로 움직일 수밖에 없었다.

사용자가 건넨 근로계약서를 꼼꼼히 읽어보는 사람이 몇이나 될까. 거의 대부분 그 자리에서 계약서를 읽으면 사용자가 자신을 믿지 못한다고 느낄까 봐 자기검열을 한다. 계약서를 통해 앞으로의 근로 조건을 정하는 것보다 사용자의 눈치를 살피는 것을 우선으로 여긴다. 이제 막 입사한 노동자는 직장을 잘 다녀보겠다는 선한 마음에 누구보다 쉽게 길들여진다. 상민 씨 역시 직장을 잘 다니고 싶은 마음뿐이었다. 그 후에도 대표는 처음 근로계약서를 작성하자고 했던 것처럼 더 낮은 임금이 적힌 근로계약서를 들고 와 상민 씨가 직접 서명하도록 했다. 뭔가 이상하다고 생각하면서도 자신의 힘으로 이 상황을 바꾸지 못한다는 무력감은 대표의 권력을 강화시켰다.

상민 씨는 대표와 사소한 의견 충돌이 있은 후 허무하게도 바로 해고됐다. 자신의 임금을 깎을 때조차 한마디도 못 하던 상민 씨가 대표 의견에 반문하자 기분이 나빴던 걸까. 상민 씨는 회사에서 내쳐진 후에야 자신이 '회사 인간'이 될 필요가 없다는 걸 깨달았다. 잘 알지도 못하는 대표에게 잘 보이기 위해 내 생계와 직결되는 임금을 두 번이나 깎을 이유는 없었다. 물론 애사심을 갖고 상사, 동료와 좋은 관계를 맺는다면 기쁘겠지만, 나의 개인적인 시간을 침범하면서 회사를 위해 야근하고, 나의 기분보다 상사의 비위를 맞추기 위해 노래를 부르고, 나의 건강보다 상사와 친목을 다지기 위해 억지로 술을 마실 필요는 없다. 그러다 결국 회사와 자신을 동일시하는 회사 인간이 될 뿐이다.

회사 인간이길 거부한 상민 씨는 그 길로 경찰서를 찾았다. 거짓 채용 공고를 올린 대표를 직업안정법 위반으로 신고했다. 매번 새로 작성한 근로계약서는 증거가 됐다. 법률사무소 대표답게 상민 씨 스스로 임금 삭감에 동의하게끔 근로계약서라는 형식을 이용했던 것이 오히려 상황을 반전시킬 무기가 됐다. 전화기 너머로 지금 막 신고하고 경찰서를 나오는 길이라 말하는 상민 씨의 화난 목소리가 길들여짐에서 벗어나겠다는 선언으로 들렸다.

CCTV

직장 내 괴롭힘이라는 개념조차 없었던 2005년의 일이다. 제조업 회사였던 H기업은 CCTV를 16대나 새로 설치한 후 한 라인을 집중적으로 비췄다. 그 라인에서 작업하는 노동자들은 모두 노동조합에 가입한 조합원이었다. 일부러 조합원들을 감시하기 위해 한 라인에 배치한 것이다. 회사는 하루 종일 조합원들의 일거수일투족을 촬영했다. 촬영된 영상은 실시간으로 확인할 수 있었고 언제든 돌려볼 수도 있었다. 마치 영화 〈트루먼쇼〉의 주인공 트루먼처럼 누가, 언제, 어디서 나를 지켜보는지 모르는 공포스러운 상황이었다. 조합원들은 행동거지를 조심하기 위해 애썼지만, 눈에 보이지 않는 적을 상대하는 건 답이 정해진 싸움이었다. 회사는 마치 전지전능한 신처럼 모든 걸 지켜보면서 모든 걸 꼬투리 삼을 수 있었다.

CCTV는 공개된 장소에서 범죄 예방, 안전사고, 교통 단속 등을 예방하기 위한 경우에만 설치할 수 있다. 반려동물을 보기 위해 집 안에 CCTV를 설치할 정도로 CCTV를 쉽게 사용하는 사회적 분위기에도 불구하고, CCTV는 개인의 사생활과 사적인 정보, 초상권을 침해할 수 있기 때문에 개인정보보호법에 의해 제한적인 경우에만 허용된다. 따라서 CCTV는 최소한의 범위에서만 허용되며, CCTV가 설치된 곳에는 설치 목적과 장소, 촬영 범위와 시간, 관리자의 이름과 연락처 등을 기재한 안내판을 달아야 한다. CCTV로 인해 권리가 침해될 수 있는 제3자에게 미리 정보를 고지함으로써 CCTV를 남용하지 않도록 하기 위한 조치다. 회사에 CCTV를 설치하더라도 도난이나 화재와 같은 범죄와 안전사고를 예방하기 위한 목적으로 설치되어야 하며, 목적한 바를 벗어난 CCTV 활용은 불법이다.

하지만 마음에 들지 않는 노동자를 제압하려는 사용자의 시도는 H기업 외에도 여러 곳에서 기형적인 형태로 표출되고 있다. 공공기관에서 민원인에게 서비스를 제공하는 재연 씨는 상사의 감시를 받고 있었다. 보통 민원실 CCTV는 민원실 책상을 비춘다. 책상을 사이에 두고 노동자와 민원인이 대면하면서 서류를 교환하거나 수수료를 수납하기 때문에 그사이에서 발생할 수 있는 사고를 방지하기 위한 목적이다. 그런데 언제부턴가 재연 씨는 자신의 근처에 있는 CCTV의 각도가 조정된 듯한 느낌을 받았다. 확인하고 싶었지만 나뿐만 아니라 타인의 정보가 고스란히 담겨 있는 CCTV는 쉽게 열람할 수 없었고, 회사에 CCTV 좀 돌려보겠다고 말하면 회사가 이상하게 생각할 게 분명했다. 하지만 머지않아 재연 씨는 CCTV가 자신의 책상이 아닌 자신의 뒤통수를 비추고 있다는 것을 알 수 있었다.

얼마 전 재연 씨는 상사와 한 차례 신경전을 벌이면서 관계가 급속도록 냉랭해졌었다. 그날 이후부터 재연 씨는 CCTV 각도가 바뀐 듯한 느낌을 받았고, 상사는 수시로 재연 씨의 근무 태도를 지적했다. 상사의 지적은 지나치게 구체적이었다. 재연 씨가 앉아서 민원인을 맞이하거나 핸드폰으로 문자를 확인한 일까지 지적했다. 재연 씨는 CCTV가 어딜 비추고 있는지 구태여 확인할 필요도 없이 상사가 CCTV 각도를 조정했다는 것을 확신할 수 있었다. 안전사고 예방을 위해 설치된 CCTV가 노동자를 감시하는 용도로 사용되기 시작한 이상, CCTV는 재연 씨를 지배하려는 상사의 비정상적 욕망의 도구에 불과했다. 상사는 보이지 않는 곳에서 재연 씨를 감시하며 재연 씨의 모든 것을 알 수 있는 권력을 갖게 된 반면, 재연 씨는 언제든 누군가 자신을 지켜볼지도 모른다는 두려움을 느꼈다.

CCTV를 이용해 노동자를 감시하는 사례를 보면 단순 감시에서 끝나지 않는다. 감시의 결과는 꼬투리를 잡아 노동자를 징계하는 신분에 대한 위협으로 이어진다. 회사에 출근한 후 퇴근할 때까지 로봇처럼 매뉴얼에 따라 일만 하는 건 불가능하다. 그렇지만 재연 씨가 속이 좋지 않아 화장실에 자주 가느라 자리를 비운 것도, 빈속에 약을 먹지 않기 위해 구석에서 빵을 먹은 것도 경위서 작성 대상이 됐다. 표적이 된 이상 노동자는 완전무결할 수 없으며, 책임을 추궁할 만한 영상을 찾는 건 시간문제였다. 무엇보다 그런 영상이 확보될 때까지 계속해서 CCTV를 돌려 보면 되니 마음만 먹으면 이후에도 징계 사유를 찾아낼 수 있었다.

감시당한다는 두려움과 징계에 대한 압박은 노동자들을 병들게 했다. 나 자신을 지워야 끝나는 싸움에 놓인 노동자들은 노이로제에 걸릴 지경이었다. 앞서 말한 H기업 노동조합 조합원 전원은 집단적으로 정신 질환을 앓기 시작했다. 우울증과 적응장애였다. 조합원들은 소송을 거쳐 회사의 감시로 인해 발병한 정신 질환을 산업재해로 인정받았다. 또한 불법적으로 수집한 자료는 법정에서 증거로 사용될 수 없다. 꼬투리잡기 위해 잡아낸 CCTV 영상은 징계가 정당하다는 H기업의 주장을 뒷받침할 증거로써 능력이 상실됐다. 법원은 판결을 통해 "CCTV 설치를 통한 감시와 통제 및 조합원들만의 별도 라인 배치 등을 통한 차별의 수단과 방법 등 제반 사정을 참작할 때 회사의 일련의 행위로 인하여 원고들이 받은 정신적 스트레스도 상당했을 것"이라고 말했다. 마땅한 판결이었다.

판결이 있은 후 10여 년이 지난 지금도 CCTV 감시가 직장 내 괴롭힘 수단으로 악용되는 사례를 접한다. 하지만 10여 년이 지난 지금도 CCTV 감시는 불법이다. 만약 재연 씨가 정신 질환이라도 앓는다면 회사는 민·형사 책임을 면할 수 없다. 재연 씨의 상사에게 묻고 싶다. H기업의 사례를 반면교사 삼겠습니까, 모방범죄를 하겠습니까.

연차휴가

버스에 앉아 무심코 라디오를 듣고 있었다. 진행자는 "연말에 가장 많은 것은 뭘까요?"라고 질문했다. 시청자가 보낸 문자 중 진행자는 센스 있고 공감을 살 만한 내용을 골라 읽어줬는데, 그 첫 번째 답은 "연말에는 남은 연차휴가가 많아서 좋아요"였다. "지난 한 해 동안 쉴 수 있어도 쉬지 않고 열심히 일했으니 연말에는 남은 연차휴가 모두 사용하며 푹 쉬길 바란다"는 멘트로 진행자는 사연 소개를 마무리했다. 아마도 괜찮은 회사에 다니는 직장인 같았다. 연차휴가는 대부분의 노동자에게 '그림의 떡' 같은 존재이기 때문이다.

연차휴가는 근로기준법에서 규정한 것으로 1년 이상 근속한 노동자는 1년 동안 80% 이상 출근했다면 15개의 유급휴가를 받고 근속 기간이 1년 미만인 노동자는 1개월을 만근하면 월 1개의 유급휴가를 받는다. 한 달 이상을 쉴 수 있는 유럽 국가에 비할 순 없지만, 일 중심적 사고가 만연한 한국에서 한 달에 하루 이상을 유급으로 쉴 수 있다는 건 꽤나 달콤한 일이다. 그렇지만 정작 연차휴가를 제대로 보장받는 직장인은 많지 않은 것 같다.

직장인 선호 씨에게 야근과 주말 근무는 일상이었다. 아침 일찍 출근하고 밤늦게 퇴근하며 하루 12시간 이상을 회사에 머물렀다. 고객을 응대하는 업무를 하고 있었기 때문에 점심시간도 길어야 30분이었다. 뜨거운 음식도 단숨에 먹어 치워야 했고 소화가 되기도 전에 다시 사무실에 들어가 일해야 했다. 선호 씨는 만성피로와 만성위염을 달고 살았다. 동료 직원들도 비슷한 처지였다. 회사는 일상적인 야근을 당연시했고 모두 하나같이 고분고분하게 장시간 노동을 감내했다.

어느 날 선호 씨는 출근하기 힘들 만큼 몸 상태가 좋지 않았다. 어렴풋이 알고 있던 연차휴가가 떠올랐지만, 회사에서 연차휴가를 써본 적도 없었고, 누군가 연차휴가를 사용하는 것을 목격한 적도 없었다. 걱정이 앞섰는데, 아니나 다를까. 상사는 "우리 회사에 연차휴가는 없다"라며 탐탁지 않은 반응을 보였다. 선호 씨는 어쩔 수 없이 자신의 아픔을 증명하기 위해 병원에 가서 진단서를 발급하느라 얼마의 금액을 더 지불해야 했고, 출근해서 상사의 눈치를 볼 생각에 마음이 편치 않았다. 회사는 과로를 일상화하며 직원들의 건강을 야금야금 갉아먹었지만, 정작 선호 씨가 아플 땐 자기 몸 하나 관리하지 못해 회사에 폐를 끼친다는 말만 했다. 한동안 선호 씨는 상사에게 시달려야 했고, 선호 씨가 본보기가 되어 '우리 회사에 연차휴가는 없다'는 금기가 더욱 강해졌다.

한국 사회는 유독 휴식에 엄격하다. 열심히 노력해 남들보다 더 빨리 성장해야 한다는 조급증은 경쟁 사회에서 살아남기 위한 나름의 전략일 수 있지만, 그 정도가 지나친 나머지 회사를 위해 개인을 희생시키는 일이 빈번하다. 그러다 보니 회사에 얼마나 오래 머무는지가 애사심과 성실성의 척도가 되고, 장시간 노동은 긍정적인 것처럼 포장된다. 오래 일하는 것이 회사에 대한 헌신이라고 생각하는 구시대적 발상은 휴가를 사용하지 못하게 하는 직장 내 괴롭힘이 되어 나타난다. 일상적인 야근으로 체력이 바닥나 몸이 아파진 선호 씨는 연차휴가를 못 쓰게 하는 회사의 태도를 보면서 '이렇게 내가 쓰다 버려지는구나'라고 생각하게 됐다.

선호 씨처럼 몸이 아프지 않아도 우리는 언제든 휴식을 위해 연차휴가를 사용할 수 있지만, 연차휴가를 쓰지 못하는 사례는 다양한 양상으로 나타난다. 여름휴가를 위해 비행기 표와 숙소 예약까지 마쳤지만, 급히 변경된 회사 일정에 맞추느라 일방적으로 여름휴가를 취소당한 일, 출산휴가와 육아휴직을 하고 돌아오자 자리가 없어진 일, 상을 당해 경조휴가를 사용하는 중에도 수시로 연락해 업무 지시를 하는 일, 연차휴가를 다 챙기는 사람은 우리 회사 직원이 될 자격이 없다고 말하는 것처럼 휴가는 있으나 마나 한 것에 불과했다.

회사를 위해 개인의 희생을 대수롭지 않게 여기는 분위기는 휴가를 사용한 노동자를 불성실한 직원으로 취급한다. 때로는 연차휴가를 사용하겠다는 권리 행사를 회사에 대한 도전으로 받아들이기도 한다. 결국 노동자는 휴가도 없이 과로하거나, 휴가를 사용한 후 회사의 적대를 견디거나, 혹은 회사로부터 쓰다 버려지는 것 중 가장 덜 불행한 선택을 해야 한다.

이제는 개인의 삶보다 회사를 중시하는 것은 한물 간 사고방식이다. 임홍택 저자의 《90년생이 온다》에 따르면, 90년대 생은 "연차 사용은 나의 자유이고 휴가 사유 또한 알릴 필요가 없다"고 생각한다. 평생직장을 경험할 수 없는 세대의 당연한 귀결이다. 살아 있는 동안 우리는 여러 차례 회사를 옮겨 다닌다. 더 이상 회사와 나를 동일시할 필요도 없고, 나보다 회사를 우선시할 필요도 없다. 그럼에도 여전히 한국은 OECD 국가 중 노동시간이 가장 길고, OECD 국가들의 평균 노동시간보다 1년에 약 300시간이나 더 일한다. 우리에겐 13월이 존재하는지도 모르겠다. 회사와 나, 일과 쉼 사이의 균형은 어디쯤에나 있을까. 언제쯤 우리 모두가 회사보다 나를, 일보다 쉼을 우선순위에 둘 수 있게 될까.

실업급여

"야근은 엄청 하는데 야근 수당을 받아본 적이 없어서 퇴사하려는데 실업급여 받을 수 있나요?"
"아파서 연차 쓴다니까 대체인력 구해놓고 쓰라는데 퇴사하면 실업급여 받을 수 있나요?"

　지금까지 해왔던 노동 상담을 유형별로 통계 내본 적은 없지만, 대강 헤아려 보면 실업급여 상담이 가장 많았다. 회사에 남아 문제를 해결하겠다는 마음을 먹은 게 아니라면 회사를 그만둘 수밖에 없다. 상담을 할수록 세상이 아니라 회사가 요지경이라고 느껴질 만큼 노동자들은 회사에서 별별 일을 다 겪고 있었고, 다양한 이유로 퇴사할 수밖에 없는 상황에 놓여 있다. 회사를 통해 생계를 꾸려나가는 게 일반적이지만, 그러면서도 회사에서 받는 스트레스를 더 이상 참지 않는 것이 생계보다 더 가치 있다고 생각할 때 노동자는 비로소 퇴사를 선택한다. 그렇게 지독한 스트레스에서 벗어나지만 안도의 한숨을 쉬기도 전에 막막한 생계를 어떻게 꾸려나갈 것인지 고민하게 된다. 이렇게 우리는 도저히 회사를 다닐 수 없어 회사를 그만두지만, 또 다시 회사를 찾아야 하는 굴레 속을 헤매며 살고 있다.

실업급여는 그 굴레가 너무 빠르거나, 너무 느리거나 혹은 멈춰버리지 않게 조절해 주는 윤활유 역할을 한다. 이직 준비를 하거나 새로운 공부를 하는 기간 동안 실업급여를 통해 생계를 이어가며 시간을 벌 수 있다. 평생직장 신화가 더 이상 유효하지 않은 우리 사회에서 대기업이나 공기업, 공무원이나 전문직과 같은 일부가 아니라면, 회사를 옮겨 다니는 것은 그리 이상한 일이 아니다. 지금도 실업급여를 궁금해하는 사람들이 많은데, 앞으로는 실업급여를 찾는 사람들이 더욱 늘어날 것이다.

우리가 흔히 알고 있는 실업급여의 정확한 명칭은 구직급여다. 구직급여라는 명칭에서도 알 수 있듯이 새로운 일자리를 찾기 위해 적극적으로 구직 활동을 하는 사람에게만 지급된다. 그러니 멀쩡히 다니던 회사를 별 이유 없이 그만둔 사람에게는 구직급여가 지급되지 않는다. 예를 들어 아파서 더 이상 일을 할 수 없게 됐거나, 회사에서 폭행을 당했거나, 경영상의 이유로 권고사직을 당하는 것처럼 어쩔 수 없이 회사를 그만둔 경우에만 구직급여를 받을 수 있다. 퇴사할 때 누구나 실업급여를 먼저 떠올리는 것에 비해 문턱이 너무 높다.

스트레스를 견딜 것인가, 생계의 어려움에 직면할 것인가, 둘 중 하나를 선택해야만 하는 곤란한 상황 앞에서 세상은 닫힌 공간처럼 느껴질 수밖에 없다. 우리 사회는 개인에게 기회를 부여하는 데 야박하다. 직장 생활을 하다 상처받아 잠시 회복할 시간을 갖고 싶어도 사직서를 내고 스스로 그만두면 구직급여 수급권이 인정되지 않는다. 인간이 가진 자유의지로 어찌할 수 없는 상황이 되어야만 구직급여가 주어진다는 것은 제도 자체가 비인간적으로 설계되었기 때문이다. 입사와 퇴사의 굴레는 자연스럽지만, 퇴사 이후의 시간을 보장해 줄 사회보장제도가 마땅하지 않다 보니 '회사는 전쟁터, 회사 밖은 지옥' 같은 상황의 연속이다. 그래서 회사에서 겪는 부당한 일에 눈감게 되고 웬만한 상처는 속으로 삭이면서도 일자리를 잃을까 전전긍긍하게 된다.

퇴사가 두렵지 않을 때 건강한 사회생활이 가능해진다. 연애를 할 때도 상대방에게 올인하면 갈등이 생기듯이, 회사와 나는 서로가 서로를 필요로 할 때 건강한 관계를 유지할 수 있다. 회사가 나를 홀대한다면 과감히 회사를 떠날 필요도 있는 것이다.

대표적인 복지국가 스웨덴은 노동과 자본이 공존하는 멋진 나라다. 이렇게 되기까지 스웨덴은 노동을 통한 안정만큼이나 기본적인 사회안전망을 갖추는 것을 선결 과제로 삼았다. 노동조합 운동과 복지국가 운동을 병행하자 노동조합이 성장하는 만큼 복지국가도 영글어졌다. 그래서인지 스웨덴 사람들은 '해고'와 '퇴사'를 크게 두려워하지 않는다. 실업보험제도가 잘 갖춰져 있어 일자리를 잃어도 당장 생계가 어려워지지 않기 때문이다. 스웨덴은 실업급여 수급 기간도 길뿐만 아니라 소득대체율도 80%에 달한다. 또한 한국처럼 퇴사 사유를 묻지도 않고 일자리를 잃은 모든 노동자에게 실업급여를 준다. 그러니 직장 내 괴롭힘처럼 비상식적인 일을 당했을 때, 생계를 걱정하기보다 자기 자신을 보호하는 선택을 할 수 있는 것이다.

복지국가를 둘러싼 논쟁이 많지만, 나는 복지국가를 생각하면 '자신감'이 떠오른다. 회사를 그만둬도 괜찮고, 성장하지 않아도 괜찮고, 성취하지 않아도 괜찮다는 자신감은 있는 그대로의 나를 지탱해 주는 사회적 울타리에서 비롯된다. 모두가 빠른 리듬으로 경쟁하며 살아남아야 하는 사회에서는 잠시 멈추는 것조차 패배감을 안겨준다. 하지만 늘 앞으로 나아가며 사는 건 지치는 일이다. 살면서 때로는 뒤처지기도 하고 한동안 한곳에 머물러만 있을 수도 있다. 개인의 노력으로 그나마 통제할 수 있는 건 방향성 정도에 불과하고, 그마저도 통제 불가능한 수많은 변수의 영향을 받는다. 그런데 우리는 늘 빠른 속도로 앞으로 나아가는 데에만 에너지를 쏟는다. 자신감보다 두려움이 크기 때문이다.

엄한 부모에게 주로 훈육을 당한 아이는 자신의 제약을 먼저 한정짓는 사람으로 성장할 가능성이 크다. 반면 너그러운 부모에게 주로 칭찬을 받으며 성장한 아이는 세상의 모든 걸 다 해볼 만하다고 여기는 열린 사람으로 자랄 가능성이 크다. 부모와 아이의 관계를 사회와 우리의 관계로 치환해 보자. 기회에 야박한 사회에서 개인은 언제 기회를 얻을지 몰라 겁쟁이처럼 위축되지만, 넘어진 다음을 상상할 수 있게 지원해 주는 사회에서 개인은 크게 생각하는 법을 배울 수 있다. 지금 당장 하던 일을 그만두더라도, 새로운 길을 모색하며 더 행복하고 더 다채로운 삶을 꿈꿀 수 있게 된다. 자신이 실업급여를 받을 수 있냐고 상담을 요청하던 사람들도 나를 괴롭히는 회사에서 벗어나 안전하고 행복한 다음 발걸음을 상상했을 것이다.

사람을 겁쟁이로 만드는 사회에서 우리는 살아남기 위해 부당한 일 앞에 눈을 감는다. 개인주의나 이기주의가 팽배하다며 서로를 비난하지만, 대부분은 나락으로 떨어지지 않기 위한 방어기제에 의한 것이다. 누구를 탓할 수 있는 문제가 아니지만 자신의 정당함을 증명하기 위해 누구라도 탓하려 날을 세우게 된다. 안전하지 않은 사회는 우리끼리 싸움을 붙인다. 묻지도 따지지도 않고 나를 보호해 주는 사회안전망이 존재한다면 직장 생활이 이렇게 각박하지 않을 것이다.

실제로 실업급여를 받는 이들을 보면 꽤 여유가 느껴진다. 한 친구는 실업급여를 받는 동안 재미난 경험도 쌓고, 건강도 회복하고, 여유 있게 진로를 고민하고 있다. 퇴사 축하 파티를 한 지 한참 된 것 같은데, 오랜만에 연락해 "아직도 실업급여 받고 있어?"라고 질문했을 때 스스로 생경함을 느꼈다. 복지국가와 거리가 먼 우리나라에 어울릴 법한 질문이 아니었다. 친구에게서 여유와 걱정이 동시에 느껴졌지만, 지금의 삶이 즐거워 보였다. 실업급여가 없었다면 쫓기듯 취업해야 했을 것이다.

재난지원금을 홍보하면서 경기도는 '모두가 함께 잘 살 수 있도록'이라는 문구를 썼고, 서울시는 '일상은 멈춰도 우리의 삶은 계속되기에'라는 문구를 썼다. 마음이 따뜻해지는 표현들이다. 코로나19로 어쩔 수 없이 일상을 멈춰야 했던 것처럼, 일을 하다가 내 의지와 다르게 일을 그만 둬야 하는 날이 올지도 모른다. 그것이 직장 내 괴롭힘 때문일 수도 있고, 건강상의 문제일 수도 있고, 혹은 그보다 사소한 이유일 수도 있다. 멈추는 것이 두렵지 않아야 한다. 언제든 잠시 멈추더라도 패배하는 느낌이 들지 않는 사회, 멈춰 있는 사람과 나아가는 사람 모두가 함께 잘 사는 사회를 꿈꿔본다.

성차별

한때는 소설처럼 누군가의 상상 속 이야기를 읽는 게 시
간 낭비 같아서 신문이나 사회비평서를 즐겨 읽었다. 어
쩌면 그 시간은 배부르고 등 따습던 때였는지도 모른다.
쏟아지는 사건 사고와 날카로운 비판들이 내 삶과 무관하
지 않다는 것을 느꼈던 어느 날부터, 신문이나 사회비평
서가 보여주는 직설이 나를 베는 것만 같았다. 그러면서
가벼운 마음으로 소설책을 집어 들기 시작했다.

《2020 제11회 젊은작가상 수상작품집》에는 유독 여성
을 주제로 한 작품이 많았다. 강남역 살인 사건이나 N번

방 사건처럼 현실에서 일어나는 끔찍한 사건들, 거기에서 비롯되는 공포감과 연대감이 이뤄낸 결과이지 않을까. 성폭력이나 살인 사건이 끊이지 않는 것처럼 현실은 이토록 극단적인 반면, 소설은 제사를 지내거나 진로를 고민하는 것처럼 비교적 사소한 일상을 배경으로 한다. 현실에서는 여성이 살해당할 정도의 충격적인 사건이 있어야만 주목받지만, 소설의 배경이 된 사소한 일상처럼 주목받지 못하는 많은 순간에도 여성은 차별에 놓여 있다.

직장인 예지 씨는 학교를 졸업하자마자 취업해서 아직 젊지만 벌써 10년 차 직장인이다. 하지만 1년 차에 하던 업무를 계속 하고 있다. 1년 차 때와 업무가 같다는 건 어느 정도까지만 승진이 가능하고 그 이상의 승진은 불가능하다는 유리천장을 의미했다. 반면 예지 씨의 직장 동료 영철 씨는 이제 3년 차가 됐다. 예지 씨보다 한참 후배지만 예지 씨의 임금 수준을 막 넘어가던 참이었다. 그리고 영철 씨는 얼마 전 다른 업무에 투입됐다. 예지 씨는 일반 고객을 직접 만나 응대하는 반면, 영철 씨는 주요 고객만 응대하거나 상대적으로 규모가 큰 사업을 이끌게 됐다. 분명 예지 씨가 더 많은 경력을 갖고 있는데도 말이다. 둘의 차이는 성별이었다. 예지 씨처럼 젊은 여성은 직장의 얼굴마담처럼 서비스 업무만 했고, 영철 씨처럼 젊은 남성은 잠시 실무를 배운 후 곧바로 승진할 수 있는 경로의 업무에 투입됐다. 그리고 머지않아 예지 씨보다 높은 임금을 받고 높은 직책으로 승진할 게 뻔했다.

　그래서인지 중간관리자는 물론 임원 모두 남성이었다. 여성과 남성은 애초에 경력 경로가 달랐고, 요구되는 역할도 달랐다. 관리자는 회의 시간에 예지 씨에게 예쁘게 화장하고 출근하라고 지시했다. 고객이 기분 좋게 사업장을 찾아오게 하려면 가장 먼저 고객을 만나는 예지 씨가 예뻐야 한다는 이유에서였다. 그러면서도 예지 씨의 화장이 진한 날에는 "퇴근하고 남자 만나냐"며 추궁했고, 화장이 가벼운 날에는 "화장 좀 하라"며 지적했다. "아가씨는 단정해야 하고, 아줌마는 '아줌마 티'가 나서는 안 된다"라고 주입당한 여성성은 외모를 가꾸는 데 많은 시간을 할애하게 했고, 그마저도 희롱의 대상이 되면서 성차별을 강화했다. 업무를 보고할 때나 회의를 할 때도 그냥 직장인이 아닌 '여성' 직장인으로 취급받는다. 여자라서 뭘 모른다거나 여직원은 그래야 한다는 말을 들어도 참아야 하고, 반박이라도 했다간 예민한 사람이 될 뿐이다.

예지 씨는 몇 년 간 수첩에 상사의 발언을 적었다. 회의 내용을 기록하려고 메모를 시작했지만, 업무에 대한 내용보단 성희롱적 발언이 더 많았다. 몸매 관리 좀 해라, 화장 좀 화려하게 해라, 옷 단정하게 입어라. 예지 씨의 수첩을 보면서 수년간 예지 씨가 느꼈을 수치심이 감히 상상되지 않았다.

예지 씨와 상담하며 회사의 다른 여성 직장 동료 대부분이 관리자로부터 외모 지적을 당하고 있다는 사실을 알게 됐다. 처음에는 예지 씨 혼자 상담을 받았지만, 피해자가 여럿일 경우 함께 싸우는 게 훨씬 유리하다는 이야기를 듣자 숨어 있던 피해자들이 용기를 냈다. 몇 명이 더 모습을 드러내면서 이 이슈는 아예 회사 전체의 문제로 다뤄졌다. 동료들은 목격자가 되어 적극적으로 증언해 줬다. 결국 문제의 관리자가 회사를 다닐 수 없게 됐고 예지 씨와 동료들은 첫 승리를 만끽했다.

외모에 대한 평가는 남녀고용평등법상 언어적 성희롱

에 포함되지만, 지금껏 고용노동부는 특정 성 역할을 강요하는 것은 성희롱이 아니라 성 역할의 구분일 뿐이라며 잘못으로 인정하지 않았었다. 하지만 예지 씨 사례에서 볼 수 있듯이 '여성다운' 외모를 강요하는 것은 직장에서 여성의 역할을 보조적인 것에 한정시키면서 담당 업무, 승진 기회, 임금 수준까지 억압했다. 성 역할의 구분은 차별의 온상이었고 성희롱의 원인이었다.

처음에는 가벼운 마음으로 소설책을 읽기 시작하지만 이내 기분이 오묘해진다. 여성의 외모에 대한 간섭, 여성의 외모에 유독 집착하는 이유는 결국 여성이 맡게 되는 업무와 관련되어 있고, 나아가 임금과 승진에 영향을 미치기도 했다. 성 역할의 구분일 뿐이라는 외모 지적은 성차별로 이어졌고, 성 역할의 구분을 더욱 뚜렷하게 했다. 원인과 결과의 뒤섞임이랄까. 성별 고용률 차이를 줄이기 위해 여성 고용률 기준을 두듯이, 현존하는 차별을 없애기 위하여 특정 사람을 잠정적으로 우대하는 행위는 구조적 차별을 해소하기 위해 필요하다. 이러한 적극적 고용개선 조치가 차별이 아닌 것처럼, 차별이 존재하는 현실을 그대로 내버려 둔다면 성차별과 성희롱은 근절되지 않는다. 그렇기 때문에 예지 씨와 동료들의 싸움은 위대했다. 현실에 머물며 현실을 고쳐나가는 수많은 예지 씨를 응원한다. 그들의 용기가 다치지 않도록, 그들의 싸움이 너무 외롭지 않도록 연대의 마음이 닿길 바란다.

아동노동

영화 〈설국열차〉에서 메이슨 총리는 아이들의 건강을 확인한다며 꼬리칸 아이들의 키를 줄자로 재더니 티미와 앤디, 두 명의 아이를 어딘가로 데려간다. 앤디의 아빠 앤드류는 총리에게 신발을 던지며 항의했다가 그 대가로 팔이 잘린다. 분노가 누적된 꼬리칸 사람들은 반란을 시작하고, 수많은 희생 끝에 꼬리칸의 젊은 지도자 커티스가 설국열차의 최고 권력자인 엔진실의 윌포드를 마주한다. 커티스는 꼬리칸 사람들을 비참하게 만든 윌포드를 저주했지만, 윌포드는 이러한 시스템은 열차의 생태계를 유지하기 위해 불가피하고, 자신은 늙었으니 열차의 모든 칸을 둘러

본 커티스가 엔진실을 맡았으면 좋겠다며 회유한다. 커티스가 동요되려는 순간, 총리에게 잡혀 갔던 어린아이들이 엔진실 내부에서 기계 부품을 대신해 일하는 모습을 목격한다. 사라진 부품을 대신해 톱니바퀴를 움직이려면 5살이 안 된 작은 아이의 몸이 필요했던 것이다. 커티스는 꼬리칸 아이를 잡아가 열차 부품으로 사용하는 비인간적인 행위에 분노하고, 열차를 멈추기로 결단한다.

　설국열차 속 어린아이의 노동을 보며 우리는 말도 안 되는 일이 벌어지고 있다고 생각한다. 이러한 상황을 막기 위해 ILO(국제노동기구, International Labour Organization)는 기본 협약으로 최저연령 협약(Minimum Age Convention)과 최악의 형태의 아동노동 협약(Worst Forms of Child Labour Convention)을 제시했고, 한국은 오래 전 여기에 비준했다. 이에 따라 근로기준법을 통해 만 15세 미만은 일할 수 없고, 만 18세 미만은 부모의 동의를 받아야만 일할 수 있으며, 이 경우에도 위험한 곳에서는 일할 수 없도록 규정하고 있다. 게다가 현실은 아동노동이라는 단어조차 꺼낼 일이 없을 정도로 우리는 아동노동을 당연한 금기로 여긴다. 그런데 정말 우리나라에는 아동노동이 존재하지 않을까? 너무나 당연하다고 생각해서 고민해 보지 않았던 건 아닐까?

어느 세무법인에서 현장 실습을 하던 고등학생 아람 씨는 스트레스를 견디지 못해 출근길에 쓰러지고 말았다. ILO의 최악의 형태의 아동노동 협약은 만 18세 미만의 모든 사람에게 적용되는 것으로, 여기서 말하는 '최악의 형태의 노동'이란 건강이나 안전을 해칠 가능성이 있는 노동, 성매매, 음란물 제작, 불법 활동 등을 말한다. 아람 씨가 일했던 곳은 평범한 세무법인처럼 보였지만 결과적으로 아람 씨의 건강을 위협했다. 아람 씨는 임의로 만들어진 팀에 소속되어 다른 팀과 경쟁하도록 부추김당했다. 팀의 실적이 낮을 땐 팀원 전체가 책임졌기 때문에 팀원들은 서로를 감시하면서 실적을 위해 서로가 서로의 적이 되었고 살아남기 위해 동료를 미워했다. 화장실을 갈 때마다 5분을 넘지 않기 위해 애썼고, 5분 넘게 자리를 비우면 왜 그랬는지 보고해야 했다. 아람 씨는 겨우 고등학교 3학년, 만 17세였다.

성인보다 키가 작은 아이의 노동만 아동노동이 아니다.

아람 씨는 성인만큼 키가 컸지만 아직은 노동보다 교육받을 권리를 가진 학생이었고 ILO 협약과 근로기준법의 보호를 받는 아동이었다. 아람 씨의 노동은 아동노동의 경계에 있었지만 현장 실습이란 그럴듯한 이름에 가려져 분별되지 않았다. 세무법인은 실적을 올리기 위해 경쟁을 부추겼고 그 수단으로 감시와 압박, 폭언과 강제 야근을 동원했다. 세무법인은 ILO가 금지하는 최악의 형태의 노동과 거리가 멀어 보이지만, 감시와 압박이 동원되자 멀쩡한 일터는 최악의 일터가 됐다.

교육이란 이름에 가려진 아동노동은 그 자체로도 위험하지만, 성과를 위한 무분별한 경쟁은 연약한 존재를 더욱 위험에 빠트린다. 나이가 어리거나 사회생활 경험이 부족할수록 높은 확률로 가장 먼저 희생된다. 영화에서나 볼 법한 성매매나 마약 거래는 누구라도 심각성을 인지하고 있지만, 현장 실습에서 벌어지는 경쟁과 감시, 압박은 으레 그런 것이라 여겨지며 대화의 주제에서 탈락된다. 성인 직장인의 사정도 별다르지 않다. 인턴이나 수습사원들은 회사에 잘 보이기 위해 성과 압박을 감수하며 무리한다. 회사는 그런 약점을 이용해 그들이 오히려 경쟁에 무감각해지게 만들기도 한다.

설국열차의 폭발이 우리에게 주는 메시지는 무엇일까.
약한 존재의 희생으로 굴러가는 열차는 기꺼이 멈춰져야
한다.

코로나19

무차별하다는 건 역설적으로 모두에게 평등하다는 의미다. 영화 〈레미제라블〉에 나오는 어린아이 가브로쉬는 가난과 폭압 정치에 분노해 혁명군 소속으로 싸우면서 이런 노래를 불렀다. "평등이란 대체 무엇인가, 죽으면 모두 평등해지지." 계층이 있을 뿐 계급은 없다고 하지만, 수저계급론은 우리에게 '뼈 때리는' 공감대를 선사했고, 최순실과 정유라, 조국과 나경원, 정치인과 그 자녀 들을 둘러싼 특혜 의혹은 기회마저 불평등한 세습 사회를 실감하게 했다. 그런데 역설적으로 우리 앞에 놓인 코로나19는 모두를 평등하게 위협하고 있다.

온 나라의 정책과 예산이 코로나19를 향해 있고, 언론은 연일 코로나19를 주인공으로 한다. 모임이 취소되고 집에 일찍 귀가하는 분위기가 만들어졌으며 여럿이 사용하는 물건을 소독하거나 수시로 손을 씻는 것과 같은 위생 관념이 자연스러워지기 시작했다. 코로나19로 달라진 생활 방식에 적응하며 살고 있지만, 우리가 알던 세상은 코로나19에도 여전히 반복되고 있다.

코로나19 지역 감염이 빠르게 확산되던 2020년 2월, 회사에서 강제로 연차 유급휴가를 사용하게 한다거나 무급으로 휴가를 가게 한다는 상담을 처음 접했다. 그리고 비슷한 상담은 순식간에 늘어났다. 소비가 줄어들자 영업시간을 단축하거나 문을 닫는 사업장이 속출했다. 항공업, 관광업뿐만 아니라 식당, 카페, 헬스장, 도서관처럼 일상적으로 이용하는 곳들도 이내 문을 닫았다. 소비와 생산, 투자가 감소하면서 경제는 한 치 앞도 예상하기 어려워졌다. 이런 상황에서 사용자가 노동자에게 방어적인 태도를 견지하는 건 최선이었을지도 모른다. 그러나 일종의 유행처럼 인건비에 가장 먼저 손을 댄 건 분명 최악이었고, 그 피해가 비정규직 노동자, 영세사업장에 집중될 거라는 걸 알면서도 소극적이기만 한 정부의 무능은 더욱 최악이었다.

소설 《눈먼 자들의 도시》는 실명(失明) 전염병을 소재로 한다. 정부는 감염자들을 외딴 정신병원에 격리시키는데, 치료나 보호의 목적이 아닌 전염을 통제하려는 일종의 감금이었다. 제공되던 식량이 점점 줄어들기도 전에 격리된 사람들은 정부로부터 버림받았다는 걸 눈치 챈다. 정신병원은 무정부 상태였고 모두가 평등하게 눈이 멀었지만, 식량 배급을 무기로 권력이 생기기 시작한다. 권력을 가진 자는 처음에 귀중품을 약탈하다가 나중에는 여자들을 강간한다.

인간은 위태로움을 공유하면서 인간성을 회복하기도 하지만, 도리어 약한 존재에게 쉽게 폭력성을 드러내며 '눈먼 자'가 되길 자초하기도 한다. 불평등 사회에서도 코로나19가 모두에게 평등하다는 건 첫 번째 역설이고, 그 평등함으로 말미암아 불평등이 도드라진다는 건 두 번째 역설이다. 2020년 2월 말부터 일부 대기업들은 재택근무를 시작했다. 사무실에 오래 앉아 있는 게 성실과 헌신성을 상징하는 한국 사회에서 재택근무는 초유의 사태였지만, 코로나19 공포는 이를 간단한 일로 만들었다. 하지만 재택근무를 할 수 있는 노동자는 소수에 불과했다. 애초에 노동법의 보호를 받지 못하는 특수고용노동자, 잦은 인력 변동이 불가피한 파견업체 소속 파견노동자, 근로감독이 어려운 영세사업장 노동자들에게 코로나19라는 재앙은 무정부 상태나 다름없었다.

그리고 그나마 권력을 가진 사용자들은 고통 분담이란 이유로 노동자들에게 고통을 전가했다. 처음에는 연차휴가를 소진시켰고, 두 번째는 무급휴가를 가게 했다. 무급휴가의 실질은 근로기준법상 휴업이므로 휴업수당[*]이 지급되어야 하지만, 노동자가 무급휴가 동의서에 서명하게 하면서 노동자 스스로 무급휴가를 가겠다고 한 것 같은 모양새를 만들었다. 무급휴가 동의서에 서명한 이상 노동자가 휴업수당을 청구할 근거는 약해진다. 서명하지 않으면 되지 않느냐고 반문할 수 있지만, 사용자가 들이미는 동의서에 서명하지 않고 버틸 수 있는 노동자는 드물다. 결국 가장 많이 희생하는 사람은 노동자다.

최후 수단은 해고였다. 연차 유급휴가가 금방 소진되자

무급휴가를 가게 했고, 코로나19가 잦아들 기미가 보이지 않자 무급휴가로는 버틸 수 없었는지 노동자들을 해고하기 시작했다. 정부는 뒤늦게 고용유지지원금 규모를 늘리고 요건을 완화했지만, 해고는 사용자가 돈을 아낄 수 있는 가장 쉬운 방법이었다. 이미 유사한 정부지원금을 받고 있어서 지원 대상이 아니거나, 고용유지지원금을 받은 뒤 인력 변동이 있으면 안 된다는 조건이 부담스럽거나, 아니면 신청 절차가 귀찮거나, 이유는 여러 가지였다. 어쩌면 마음대로 월급을 깎고 마음대로 사람을 내쫓을 수 있다는 생각을 때마침 실천한 것일지도 모른다.

코로나19가 퍼질수록 노동시장은 맨얼굴을 드러냈다. '잠시 멈춤'이나 '아프면 쉬라'는 정부의 방역 지침은 딱 '공자님 말씀' 같았다. 오히려 택배노동자는 코로나19로 갑작스럽게 늘어난 배송량 때문에 과로로 사망했고, 쿠팡 물류센터는 넘쳐나는 물량을 소화하고자 확진자가 발생했음에도 곧바로 업무를 강행해 집단 감염 사태를 일으켰다. 먹고살기 위해 몸이 아파도 쉬지 못하는 사람들이 태반이었다. 고용보험에도 가입되지 않은 일용직 노동자, 특수고용노동자들은 애초에 휴업수당이나 고용유지지원금과 거리가 멀었다. 사회안전망으로부터 이미 소외된 노동자는 숙명처럼 몸이 닳도록 일할 수밖에 없는 것이 현실이다.

한국경영자총협회는 코로나19를 이유로 자유로운 해고와 비정규직 확대를 요구했다. 이럴 때일수록 서로 양보해야 한다고 하면서도, 사람보다 돈이 중요한 한국 사회는 일단 나부터 살고 보자는 식으로 약자에게 희생을 강요한다.《눈먼 자들의 도시》에서 인간성을 잃지 않았던 눈먼 자들은 서로의 손을 잡고 끝까지 한 사람도 포기하지 않았다. 먹을 게 없을 땐 다 같이 굶었고, 먹을 게 생기면 아이와 노인을 먼저 챙겼다. 이들의 희생은 오로지 공동체를 위한 것, 즉 우리 모두를 위한 것이기에 더 이상 희생이 아니었다. 눈먼 자들을 구원할 유일한 방법, 바로 연대다. 볼 수 있지만 보지 않는 눈먼 자가 될 것인가, 선한 눈을 가진 진정한 눈뜬 자가 될 것인가. 코로나19라는 위기가 한국 사회의 정의와 분배 논의를 촉발한다면 그것이 세 번째 역설이지 않을까. 우리가 지켜야 하는 것은 무엇이고, 포기해야 하는 것은 무엇일까.

휴업수당 ⬦⬦⬦⬦⬦⬦⬦⬦⬦⬦⬦⬦⬦⬦⬦⬦⬦⬦⬦⬦⬦⬦⬦⬦⬦⬦⬦⬦⬦⬦⬦⬦⬦⬦⬦⬦⬦⬦⬦

휴업수당이란 근로기준법 제46조에서 규정하고 있는 것으로, 사용자의 귀책사유로 회사가 휴업하는 경우 사용자는 근로자에게 평균임금의 70% 이상의 휴업수당을 지급해야 한다.

근로계약으로 약정한 근로일에 근로자가 근로를 제공하면 사용자는 임금을 지급할 의무가 발생하는데, 근로계약을 위반하여 근로를 제공하기로 한 날 휴업한다면 근로자는 임금을 받지 못하는 불이익이 발생한다. 근로자가 이러한 손해를 감수해야 하는 상황을 방지하기 위해 사용자의 귀책사유로 휴업하는 경우에는 근로를 제공하지 않아도 휴업수당을 지급하도록 하고 있다.

생산량이 감소하거나 판매 부진 등 경영난이나 사업장 공사 등은 사용자의 귀책사유에 포함되므로 사용자에게 휴업수당 지급 의무가 발생하는 반면, 천재지변, 전쟁 등 불가항력으로 인한 휴업은 사용자의 귀책사유로 볼 수 없으므로 휴업수당 지급 의무가 발생하지 않는다.

이직

29살 생일을 앞둔 8월 중순, 이틀에 걸쳐 본 공인노무사 2차 시험이 끝나자마자 곧장 미용실에 갔다. 오랜만에 여유롭게 파마를 하던 중 문득 내가 시험에서 치명적인 실수를 했다는 게 떠올랐다. 시험을 두 번 볼 생각은 절대 없었다. 딱 한 번만 해보고 안 되면 안 되는 거라 생각하며 악착같이 공부했는데, 결정적인 실수를 했다는 걸 알게 된 순간 죽고 싶은 마음까지 들었다. 그래서 읽기 시작한 책이 《스물아홉 생일, 1년 후 죽기로 결심했다》이다. 소설의 주인공은 스스로에게 시한부 인생을 선고한 후 지금까지 살아본 적 없는 열정적인 시간을 보내다 이전과 다른 자신을 발견하면서 새로운 삶을 얻게 된다. 나와는 조금 달랐다. 나는 30대가 되기 전에 나만의 전문성을 발전해 나갈 토대를 만들고 싶었다. 그래서 선택한 게 자격시험이었고, 회사를 다니면서도 공부를 게을리 하지 않았다. 29살이던 내가 나에게 부여한 딱 한 번의 기회가 실패로 끝난다면, 책 제목처럼 극단적인 생각을 하고 싶었을 정도로 내게는 실패를 용납할 여유가 없었다.

첫 번째 이유는 생활비가 넉넉하지 않았다. 퇴직금은 이미 공부하면서 다 썼고, 규칙적인 수입 없이 언제 끝날지 모르는 시험에 매달리기엔 위험부담이 컸다. 서른이 되어서도 밥벌이를 못 하는 것에 눈치가 보였고, 자리를 잡은 친구들과 다른 시간을 보낸다는 게 두려웠다. 두 번째 이유는 당장 쓸 생활비도 문제지만, 한참 돈을 모아야 할 때 오히려 돈을 쓰고 있는 게 불안했다. 다른 공부를 하거나 결혼할 때를 대비해 지금 돈을 모아놔야 한다는 강박이 있었다. 회사를 다니며 틈틈이 부었던 적금을 깨야 했을 때도 상실감이 엄청났다. 내 인생의 목표와 내 꿈 앞에서 돈 걱정은 꼭 짚고 넘어가야 할 현실적인 문제였다.

시험 결과를 기다리던 무렵에 서울시에서 청년들에게 6개월 동안 월 50만 원씩 청년수당*을 준다며 신청자를 모집했다. 다시 시험을 준비하거나 다른 준비를 하기에 6개월은 넉넉한 기간이 아니었고 50만 원도 충분한 금액이 아니었다. 그렇지만 이거라도 받으면 생활하는 데 한결 수월할 것 같았다. 다만 가구소득을 기준으로 대상자를 선별해서 누구에게나 기회가 주어지는 건 아니었다. 게다가 청년수당을 받은 청년들은 분명 게을러질 거라는 빈정거림을 들어야 했다. 이렇듯 한국의 사회보장제도는 어려움에 처한 개인을 감싸주는 친절한 제도가 아니었다. 다시 시험을 준비할 수 있을까 같은 고민은 퇴사를 할 때마다 반복된다. 잠깐 쉬어도 될지, 지금 그만두면 경력이 단절되는 건 아닌지, 생활비는 어떻게 감당할지, 숨만 쉬어도 매달 고정적으로 나가는 돈은 어떻게 메꿔야 할지. 결국 돈 문제였다. 핸드폰 요금과 교통비, 보험료, 기본 식비 외에도 아프면 병원에 가야 하고, 대출받은 게 있다면 이자를 내야 한다. 그러니 회사를 그만두면 생활을 할 수가 없다. 이런 현실이 직장인들을 멈칫하게 만든다.

지연 씨는 이미 회사에 마음이 떴다. 지연 씨의 회사는 겉으로 보기에는 수평적인 의사소통을 강조하고 개인의 자율성을 존중하는 듯했다. 하지만 실상은 달랐다. 중년 남성 중심적인 곳이었다. 여성은 보조 업무나 허드렛일을 했고 때로는 성희롱의 대상이 되기도 했다. 직장 상사는 지연 씨에게 손님이 다녀간 테이블을 치우고 커피가 떨어지면 채워놓으라고 했다. 출장이라도 가면 늦은 시간에 불러내 술을 마시자고 하기도 했다. 연차가 얼마 되지 않은 지연 씨에게 누구든지 쉽게 반말을 했는데, 그렇다고 연차가 많은 상사들 중 존경할 만한 사람이 있는 것도 아니었다. 능력이 없어도 줄을 잘 서면 승진했고, 능력은 있지만 줄서기에 관심 없는 사람은 제 발로 더 좋은 회사를 찾아 떠났다. 전자와 후자 중 하나를 선택해야 한다면 지연 씨는 망설이지 않고 후자였다. 마음에도 없는 말로 직장 상사를 사로잡기 위해 노력하기보다 차라리 능력을 길러 더 좋은 곳으로 이직하는 것이 자신을 위한 길이라는 걸 알고 있었다.

하지만 매일같이 출근하며 이직 준비를 하는 건 힘든 일이었다. 본격적으로 이직 준비에 매진하면 좋겠지만, 퇴사를 할 순 없었다. 어떻게 될지 모르는 불확실한 미래에 지금의 일자리를 걸 수는 없는 노릇이다. 회사를 다니면서 회사 그만둘 준비를 하는 시간이 길어졌고, 지연 씨는 이러지도 저러지도 못하는 상황에 놓인 자신을 발견했다. 돌이킬 수 없지만 앞으로 나아가는 것조차 힘겨운 상황이었다. 나는 청년수당이 지연 씨 같은 사람들을 위해 필요하다고 생각한다.

청년수당을 지급하는 기간과 금액, 청년수당을 받기 위해 어떤 조건을 충족해야 하는지, 혹은 기본소득과 같이 하나의 권리로 접근해야 하는지 등에 대해 사회적으로 긴 논의가 이어지고 있다. 청년수당의 여러 이름처럼 각 정책이 갖는 의미가 있겠지만, 청년수당은 우리가 겁쟁이가 되지 않을 수 있는 전제 조건이라고 할 수 있다. 평생직장 신화는 말 그대로 신화가 되었다. 386세대를 끝으로 지금 출근하는 직장이 내 평생의 직장이라고 생각하는 사람은 이제 드물다. 새로운 일을 하기 위해 직장을 그만둘 수도 있고, 무능력한 직장 상사에게 이골이 날 수도 있고, 괴롭힘을 당하다 직장에서 쫓겨날 수도 있다. 언제든 직장 생활이 단절될 수 있다는 것은 언제든 공백 기간을 갖게 될 수 있다는 의미다. 이토록 자연스러운 공백 기간이 두려워진다면, 우리의 직장 생활은 지뢰밭을 걷는 것과 다름없다.

지연 씨에게는 한 걸음 한 걸음 뚜벅뚜벅 나아가기 위한 에너지가 필요하다. 공백 기간을 채울 무언가가 주어졌다면 직장 상사의 성희롱을 웃는 얼굴로 참아야 하는 일은 없었을 것이다. 나도 마찬가지다. 만약 그때 나에게 조금 더 여유가 있었다면 터무니없이 죽고 싶다는 마음이 들지 않았을 것이다. 직장 생활을 견디고 있는 수많은 직장인들도 같은 마음이리라 생각한다. 견디지 않아도 되는 조건, 견디지 않을 수 있는 기회가 주어진다면 직장 상사의 부당한 행동이나 직장 생활의 고단함을 온몸으로 감수할 필요가 없어진다. 그러니 청년수당이나 기본소득 논쟁은 겁쟁이가 될 수밖에 없었던 우리의 자존감을 회복할 치유의 정책이다.

청년수당

서울시에 거주하고 있는 만 19~34세 미취업 청년들의 구직 활동을 촉진하는 수당으로, 매월 50만 원씩 최대 6개월 간 지급한다.

1. 신청 자격
①서울시 내 거주자 ②만 19~34세 청년 ③최종 학력 졸업 후 2년이 지난 사람 ④건강보험료 본인부담금 지역 277,765원, 직장 252,295원 이하인 사람(2021년 1월 부과액 기준)

2. 사용처
교육비, 독서실비 등 직접적인 구직 활동뿐만 아니라 활동을 위해 소요되는 식비, 통신비, 교통비 등 사업 취지에 맞는 다양한 활동에 사용 가능하다.

3. 문의처
서울시 청년수당 콜센터 1566-3344

(출처 : 서울청년포털)

청년내일채움공제

판촉물에 스티커 1장을 붙일 때마다 1원을 준다는 부업 광고를 본 적 있다. 1장에 1원, 100장에 100원, 10,000장에 10,000원이라니. 1초에 2.5장을 붙여야 그나마 최저임금을 벌 수 있다. 잘사는 집안에서 태어난 게 아니라면 숙명처럼 부지런히 몸을 움직여 일한 만큼 돈을 벌어야 한다. SNS에서 취업한 지 3년 만에 드디어 재산이 0원이 됐다는 한 선배의 글을 봤을 때의 충격을 잊을 수 없다. 운 좋게도 부모님의 지원으로 등록금 걱정 없이 학교를 다녀서 학자금 대출의 무게를 생각해 본 적이 없었다. 3년이나 일했지만 마이너스에서 겨우 0이 되었고, 이제부터 플러

스의 세계에서 살 수 있다는 선배의 긍정은 얼마나 오래 갔을까.

경기도에서 일하는 청년이 쉽게 목돈을 마련할 수 있도록 지원해 준다는 '경기도 청년 노동자 통장'* 사업 안내를 읽고 눈이 동그래졌었다. 청년이 3년 동안 월 10만 원씩 저금하면 경기도 지원금까지 더해져 약 1천만 원을 받게끔 설계한 사업이었다. 다만 소득 조건이 까다로워 지원 대상의 범위가 협소했다.

그러다 2016년에는 고용노동부가 소득 조건 없이 사회 초년생 청년이라면 누구나 가입할 수 있는 '청년내일채움공제'* 사업을 시작했다. '경기도 청년 노동자 통장'과 유사한 구조로, 청년이 일정액을 저금하면 기업과 정부에서 지원금을 적립해 목돈을 마련해 준다는 내용이었다. 내 주위에도 청년내일채움공제에 가입했거나 이미 만기 혜택을 본 친구가 더러 있었다. 학자금 대출을 갚거나, 대학원 진학을 준비하거나, 여행을 가거나, 독립을 하거나, 결혼 자금을 준비하는 것처럼 청년 세대에게는 목돈 들어갈 일이 많다. 플러스의 세계에 온 지 얼마 되지 않아 또 마이너스가 되지 않도록 사회의 지원이 필요하다. 그런 의미에서 청년내일채움공제는 가입하는 것 자체로 부러움의 대상이 되고 있다.

대학 등록금과 부동산 가격이 치솟는 와중에도 일부 대기업이나 공기업, 전문직을 제외하면 저임금 일자리가 대다수다. 좋은 집안에서 편하게 공부하며 안정적인 일자리를 얻고 부모님의 지원을 받을 수 있는 환경이 아니라면, 저임금 일자리에서 자립의 기반을 다지는 것은 불가능에 가깝다. 한때 유행하던 삼포나 N포 같은 자조는 이러한 현실을 적나라하게 반영한 신조어였다. 괜찮은 일자리가 많아지거나, 등록금이 낮아지거나, 청년이 거주할 수 있을 만큼 부동산 가격이 적당해지거나 하는 대대적인 사회 변화가 필요한 상황에서 청년내일채움공제는 타협적이지만 실용적인 정책이었다. 그래서 많은 청년들은 청년내일채움공제에 가입하는 것만으로도 기뻐한다.

하지만 의외의 부작용이 뒤따랐다. 세화 씨는 연봉 3,600만 원이라고 기재된 채용 공고를 보고 회사를 옮겼다. 대기업 취업을 준비했던 세화 씨는 연봉이 높진 않지만 청년내일채움공제에 가입해 준다는 제안에 이직을 결심했다. 그런데 목돈 마련의 꿈도 잠시, 첫 월급으로 200만 원 남짓 들어온 것을 보고 세화 씨는 총무팀을 찾았다가 의외의 사실을 알게 됐다. 총무 담당자는 회사에서 가입해 줘서 혜택을 받는 거 아니냐며, 연봉에 청년내일채움공제가 포함됐다고 설명했다. 기업 입장에서 청년내일채움공제는 손해 볼 게 없는 제도였다. 정부에서 지원한 금액으로 기업기여금을 적립하고 남은 돈은 기업이 가지면 된다. 그러면서 말도 안 되는 논리로 세화 씨의 연봉을 깎았다.

목돈이 필요한 청년의 절실함이 족쇄가 됐다. 사회초년생 슬기 씨는 학자금과 집 보증금 때문에 은행에서 대출을 받았고, 빚을 갚기 위해 적당한 곳에 취업을 했다. 다행히 회사는 슬기 씨가 청년내일채움공제에 가입할 수 있도록 해줬고, 슬기 씨는 만기를 채워 빚을 갚겠다는 목표를 세웠다. 그렇지만 슬기 씨의 직장 생활은 순탄하지 못했다. 슬기 씨는 과중한 업무에 시달리며 지쳐갔지만, 청년내일채움공제 혜택을 받기 위해 회사를 그만둘 수 없었다.

청년내일채움공제로 청년이 더 건강하고 행복해지기는

커녕, 고된 직장 생활에도 이러지도 저러지도 못하는 처지로 만들었다. 목돈이 생긴다는 들뜬 미래는 회사에서 부당한 대우를 당해도 그만둘 수 없는 족쇄처럼 스스로를 묶었다. 청년내일채움공제의 부작용이 나타나지 않도록 제도를 설계한 고용노동부의 감독이 필요했다. 여러 부작용 사례가 이슈화되자 고용노동부는 청년내일채움공제를 재가입할 수 있는 사유를 확대하면서 부당한 임금 조정, 직장 내 괴롭힘, 임금 체불 등을 포함시켰다. 청년내일채움공제는 청년의 자립과 건강한 사회생활을 기원하는 지지망이 되어야 한다. 레이스의 시작점에서 청년이 탈진하지 않도록 청년내일채움공제의 취지를 잊지 말아야 할 것이다.

경기도 청년 노동자 통장 ◇◇

1. 지원 내용
– 자산 형성 지원 : 24개월간 10만 원 저축 시 매월 14만 2천 원 지원, 2년 후 약 580만 원(지역화폐 100만 원 포함) 수령
– 사회적 자립 역량 강화 지원 : 재무·노무 교육, 금융컨설팅, 자기개발 지원

2. 지원 대상
경기도 거주 기준 중위소득 100% 이하, 만 18~34세 청년 노동자

3. 신청 방법

청년 노동자 통장 홈페이지(http://account.jobaba.net)에서 온라인 신청

4. 문의처

경기도일자리재단 통장 문의 031-267-9360

(출처 : 경기도일자리재단)

청년내일채움공제 ◇◇◇◇◇◇◇◇◇◇◇◇◇◇◇◇◇◇◇◇◇◇◇◇◇◇◇◇◇◇◇◇◇◇◇◇◇

1. 지원 내용

– 청년 : 청년 본인이 2년간 300만 원을 적립하면 정부(취업지원금 600만
원)와 기업(300만 원–정부 지원)이 공동 적립하여 2년 후 만기공제금
1,200만 원 수령
– 기업 : 2년간 채용유지지원금 300만 원 수령

2. 지원 대상

– 청년 : ①만 15~34세 ②고용보험 가입 이력이 없거나, 실직 기간이 6개월
이상인 자
– 기업 : 5인 이상 중소 · 중견기업

3. 신청 방법

워크넷–청년공제 홈페이지 (www.work.go.kr/youngtomorrow)

4. 문의처

고용노동부 고객상담센터 상담 문의 1350(유료)

(출처 : 고용노동부)

복직명령

영화 〈회사원〉은 살인 청부 회사를 배경으로 한다. 회사 매뉴얼상 누군가를 '해고'하라는 것은 곧 '살인'을 의미한다. 살인에 유능했던 주인공은 더 이상 회사 매뉴얼을 따를 수 없게 되자 회사를 그만두겠다고 한다. 주인공을 그냥 놔줄 리 없는 회사는 주인공을 '해고'하려고 한다. '해고는 살인이다'라는 것을 곧바로 보여주는 전개다. 사람답게 살기 위해선 의식주를 해결할 돈이 필요하고, 대부분의 사람들은 돈을 벌기 위해 임금 노동을 해야 한다. 따라서 해고는 기본적인 생계마저 끊어버리는 악질의 괴롭힘 중 하나다.

물론 직장 내 괴롭힘이라는 용어에서도 예상할 수 있듯이 괴롭힘은 '직장 내'를 전제로 한다. 이는 장소적 범위가 아니라, 노동자가 직장에 소속되어 있는 동안을 의미한다. 해고는 직장 내 괴롭힘의 최종형이며, 근로관계가 끝난 이상 더 이상의 괴롭힘은 불가능해야 논리적으로 맞다. 그런데 이미 해고된 노동자에게 장난을 치며 괴롭힘을 가하는 경우가 있다.

지민 씨의 팀장은 권위적이고 고압적인 사람이었다. 매일 아침마다 신문과 커피를 챙겨주길 바랐고, 사무실에서 담배를 피우기도 했다. 지민 씨는 매일같이 매캐한 담배 냄새를 맡아야 했고, 퇴근 후에도 몸과 머리카락에 밴 담배 냄새에 괴로워했다. 팀장이 담배를 피울 때 큰 소리로 기침을 하거나 일부러 창문을 여는 식으로 소심한 항의를 해보았으나 효과가 없었다. 지민 씨는 일주일에 한두 번 출근하는 부장이 사무실에 온 날, 고충을 털어놓았다. 그후 부장이 팀장에게 사무실에서는 담배 피우지 말라고 했는지, 팀장은 지민 씨를 배신자 취급하기 시작했다. 언제든 동료를 배신하거나 회사 기밀을 유출할 수 있는 사람이라면서 회사 문서에 대한 접근 권한을 빼앗았고 업무에서 배제시켰다. 지민 씨는 더 이상 할 수 있는 일이 없었다. 멍하니 컴퓨터만 바라보고 앉아 있는 건 곤욕이었다. 주어진 일이 없으니 성과나 근무 태도가 좋지 않은 건 당연한 결과였다. 그러자 팀장은 업무 성과가 부진하고 일하려는 의욕이 없으며, 회사에 놀러오는 것 같다며 지민 씨를 해고했다.

지민 씨는 억울했다. 다시 회사에 돌아가고 싶지 않지만, 자신이 당한 해고가 부당한 것임을 인정받기 위해 노동위원회에 부당해고 구제신청을 했다. 그러자 회사는 갑자기 해고를 철회하겠다며 복직명령서를 보냈다. 지민 씨는 회사에 돌아가고 싶지 않았고, 회사에 돌아가더라도 스스로 퇴사하도록 괴롭힐 것 같았다. 일방적으로 해고를 통보한 후 다시 일방적으로 해고를 철회하겠다는 회사의 태도는 아직 괴롭힘이 끝나지 않았다는 으름장이나 다름없었다. 마치 노동자를 장난감처럼 갖고 놀았다.

노동위원회는 원상회복주의를 원칙으로 한다. 원상회복주의란 부당해고당한 노동자가 다시 회사로 돌아갈 수 있게 함으로써 침해된 권리를 회복시킨다는 의미다. 따라서 부당해고 구제신청의 목적은 다시 회사로 돌아가는 것이다. 그런데 회사는 부당해고 판정을 받기도 전에 지민 씨에게 회사로 돌아오라며 복직을 명령했다. 지민 씨는 결국 회사에 돌아가야 하는 상황이 됐다. 이때 노동자가 출근하지 않으면 회사는 무단결근으로 징계를 내릴 수도 있다. 회사가 복직명령이라는 카드를 악용하는 이유다. 노동자와 다시 잘해보려는 것도 아니면서 부당해고 판정을 회피하기 위해 일단 복직명령부터 하는 것이다.

이때 노동자가 챙겨야 하는 게 하나 있다. 바로 임금상당액이다. 회사에서 부당하게 해고돼 일하지 못했으니, 해고된 날부터 복직하는 날까지 일했다면 받을 수 있었던 임금에 상당하는 금액을 회사에 청구할 수 있다. 따라서 회사가 복직명령서를 보내면 회사에 반문해야 한다. "언제까지 얼마의 임금상당액을 줄 건가요?" 만약 사용자가 복직명령만 하고 임금상당액을 주지 않는다면, 이는 부당해고의 책임을 피하기 위한 수단에 불과한 진정성 없는 복직명령이다. 그렇다면 아직 해고가 유효하니 부당해고 다툼을 이어갈 수 있다.

해고를 당한 것도 억울한데, 괴롭힐 수단으로 복직명령 카드를 꺼내는 사용자가 많다. 회사에 돌아가니 책상이 화장실 앞에 놓여 있거나, 다른 사유로 다시 해고하거나, 집단 따돌림을 하는 등 어떻게 해서든 노동자를 쫓아내려고 한다. 노동위원회 제도와 직장 내 괴롭힘 금지법이 있지만, 노동자를 괴롭히는 방법은 나날이 진화한다. 지민 씨가 간파했던 것처럼, 사용자는 법적 분쟁에 휘말리고 싶지 않아 해고를 철회했고, 지민 씨가 돌아오면 더 심한 괴롭힘으로 응수해 스스로 나가게 하는 전형적인 수법으로 복직을 명령했다. 해고예고수당이나 부당해고 구제신청, 실업급여 등 해고당한 노동자가 가질 수 있는 권리마저 박탈해 버리는 '합법적'인 괴롭힘이다.

종종 직장 내 괴롭힘 금지법 때문에 사용자의 인사권이 침해될 우려가 있다고 말하는 사람들을 본다. 사용자의 인사권은 합리적 범위에서 행사할 수 있는 것이고, 직장 내 괴롭힘은 합리적이지 못한 행위다. 즉 둘은 하나의 세트가 될 수 없다. 지민 씨에 대한 복직명령은 합리적인 인사권 행사가 아니라, 오히려 신종 갑질이라는 이름이 더 잘 어울린다.

폭언

계약직으로 대기업에 입사한 영하 씨는 일하는 1년 내내 상사에게 폭언을 당했다. 상사는 영하 씨의 목덜미를 짓누르며 겁을 줬고 따귀 때리는 시늉을 하면서 업무와 관련된 질문을 툭툭 던지기 일쑤였다. 당황한 영하 씨가 제대로 대답하지 못하면 상사는 "이 새끼는 아직도 이걸 모른다"면서 무시했다. 여기서 끝이 아니었다. 수시로 "너는 뭐 하는 새끼길래 이런 것도 못하냐. 이건 대가리에 문제가 있다는 거야. 돌대가리이거나"라며 비난했고, "너는 인상이 안 좋다, 웃지 마라" 같은 업무와 관계없는 비하 발언도 서슴지 않았다.

영하 씨는 상사의 폭언에 하루에도 수십 번씩 상처를 받았다. 출근하면 상사를 봐야 한다는 두려움에 잠이 오지 않을 정도였다. 수면장애가 생겼고 하루에 한 시간도 못 자고 출근하는 날이 많았다. 수면유도제를 먹고 간신히 잠들면 다행이었고, 약이 맞지 않아 잠들지 못하는 날도 빈번했다. 건강했던 영하 씨는 두 차례나 응급실에 갔고 결국 정신과 치료를 받게 됐다.

폭언은 눈에 보이지도, 손에 잡히지도 않는다. 영하 씨는 두 차례나 응급실에 갈 정도로 고통받았지만, 폭언으로 인한 상처는 눈에 보이지 않았다. 근로기준법 제8조는 어떠한 이유가 있어도 사용자는 노동자를 폭행해서는 안 된다고 규정하고 있다. 여기서 말하는 폭행은 물리력을 동원한 행위를 전제한다. 타인의 신체에 물리력을 가하는 폭행이 심각한 범죄라는 것은 굳이 강조할 필요가 없다. 그렇지만 폭언은 다르다. 영하 씨의 몸과 마음이 병들었던 것처럼 폭언 역시 폭행 못지않은 트라우마를 남긴다. 폭언은 노동자를 위협하고 건강을 앗아가기에 충분하다. 하지만 근로기준법에서 폭언은 폭행으로 취급하지 않는다.

2016년 이용득 의원은 근로기준법 제8조 폭행 금지 조문에 '지속적인 폭언으로 근로자를 정신적·정서적으로 학대하는 행위를 금지'해야 한다고 추가한 개정안을 대표 발의했다. 그리고 2018년 이찬열 의원은 근로기준법 제8조에 모욕 금지를 추가한 개정안을 대표 발의했다. 직장 내에서 폭언과 모욕 등 언어적 폭력 문제가 심각하지만, 이를 규율할 수 있는 법적 근거가 없다는 문제의식에서 유사한 내용의 개정안이 반복적으로 발의된 것이다. 그러나 2016년에도, 2018년에도 법안은 통과되지 못하고 폐기됐다. 그렇게 아직도 노동법은 폭언을 직접 규율하지 않고 있다. 그나마 직장 내 괴롭힘 금지법이 시행되면서 직장 내 괴롭힘의 한 유형으로 폭언이 다뤄지고 있긴 하다.

결국 폭언은 노동법이 아닌 형법에 있는 모욕죄로 규율된다. 그러나 형법은 직장 상사의 폭언과 모르는 사람의 폭언을 동일하게 취급하기 때문에 직장 내 권력관계라는 특수성을 포착하지 못한다. 직장 내에서 발생하는 폭언은 주로 상급자가 자신이 가진 권력을 이용해 하급자에게 가하는 대표적인 괴롭힘이다. 영하 씨가 겪었던 것처럼 상사의 폭언은 위력에 의한 것이라 속수무책으로 당하는 수밖에 없다. 이러한 권력관계를 상정하지 않고 형법상 모욕죄로만 본다면, 노동자가 모욕죄를 인정받는 일은 아주 드물 것이다. 게다가 상사를 모욕죄로 고소하는 건 쉬운 일이 아니고, 고소했다고 해도 직장에서 매일 마주쳐야 하는 상사와 쟁송을 이어가는 건 불가능에 가깝다.

한편 최근 상사의 폭언이 형법상 상해죄로 인정된 일이 있었다. 2018년 삿포로 영사관에 주재하던 총영사는 비서로 일하는 노동자에게 1년 반 동안 상습적으로 폭언을 했다. 노동자는 심한 정신적 스트레스에 시달렸고, 6개월의 정신과 치료가 필요할 정도로 심한 우울증을 앓게 됐다. 그러나 총영사와 노동자 사이의 대화였기 때문에 공연성이라는 요건을 충족하지 못했고, 모욕죄를 적용하기 어려웠다. 노동자는 총영사의 폭언을 녹음했고, 검찰은 40여 개의 녹음 파일을 토대로 노동자의 우울증이 폭언과 인과관계가 있다고 인정하면서 총영사에게 상해죄를 적용했다. 상해란 신체의 건강을 해하는 것이지만, 소리가 눈에 보이지 않듯이 폭언으로 인한 상처도 눈에 보이지 않는다. 정신적 상해는 객관적으로 계량화할 수 없기 때문에 성폭력범죄의 처벌 등에 관한 특례법상 강간 등 상해·치상의 경우에만 제한적으로 인정돼 왔다. 그러나 노동자가 심한 우울증을 앓게 되었다는 점, 총영사의 폭언이 장기간에 걸쳐 반복적으로 이루어졌다는 점 등을 이유로 최초로 폭언으로 인한 정신적 피해에 상해죄가 적용되었다. 최초의 사례인 만큼 의미 있는 판결이면서 동시에 이례적 판결이었다.

폭언을 규율할 방법은 있지만, 폭언을 당한 노동자를 보호할 노동법이 없는 현실에서 이 판결이 주는 울림이 크다. 상사가 툭 내뱉은 말에도 눈치를 보기 마련인데, 상사에게 폭언을 들었고 심지어 장기간 반복됐다면 마음의 병은 깊어질 수밖에 없다. 눈에 보이지 않고, 물리적이지 않지만 폭언이 가져다주는 상처는 어마어마하다.

영하 씨는 회사를 그만두고 산업재해 신청을 준비 중이다. 고작 1년이었지만 쉬지 않고 이어진 상사의 폭언으로 전에 없던 정신 질환이 생겼고, 안정적으로 치료받기 위해 영하 씨는 산업재해 승인이 꼭 필요하다고 했다. 상사를 고소하는 시원한 결말은 아니지만, 부디 영하 씨가 건강했던 예전의 모습을 회복하길 바란다.

비정규직

근로시간이 짧거나, 근무 기간이 정해져 있거나, 고용주가 누구인지 명확하지 않으면서, 더 힘들고 어려운 일을 하면서 낮은 임금을 받고, 소속감이 없으면 욕먹고, 소속감을 가지면 상처받는, 우리나라에 약 850만 명이나 존재하는 이 사람은 누구일까.

바로 2등 직원, 비정규직 노동자다. 비정규직 노동자는 단시간, 기간제, 파견, 용역, 하청, 특수고용 등으로 구분된다. 뉴스에 나오는 노동자 사망 사고의 대다수는 비정규직 노동자일 만큼 어렵고 더럽고 힘든 일을 하지만 비정규직이기 때문에 낮은 임금을 받는다. 드라마 〈미생〉에서 회사는 명절 선물로 정규직에게 스팸 세트를, 비정규직 장그래에게는 식용유 세트를 줬다. 현실에서는 임금, 명절 선물, 상여금, 성과급, 자녀 학자금, 기본임금 외 복리후생 등 모든 면에서 비정규직 노동자는 차별받는다. 일을 잘 못하면 '그러니깐 비정규직'이라며 멸시당하고, 일을 잘하면 '그래봤자 비정규직'이라며 동정받는다.

정규직 노동자와 비정규직 노동자는 다른 색깔의 유니폼을 입고, 정규직 노동자에게는 사원증이, 비정규직 노동자에게는 출입증이 주어진다. 대충 보아도 정규직과 비정규직이 누구인지 골라낼 수 있을 만큼 익숙한 구분 짓기다. 고용이 불안정한 비정규직 노동자는 회사의 눈치를 살피느라 많은 말을 삼켜야 한다. 회식이 잡히면 저녁 약속을 취소하고, 몸이 아파도 휴가를 쓰겠다고 말하지 못한다. 정규직 노동자에게는 당연한 '사회생활'이지만 곧 회사를 떠나게 될 비정규직 노동자에게는 쓸데없는 헌신일지도 모른다. 비정규직 노동자는 회사를 위해 고용됐지만 얼마든지 대체 가능한 인력 취급을 받는다. 회사에 어떤 문제가 생겼을 때 문제를 해결하기보다 비정규직 노동자를 잘라내면 그만이니, 비정규직 노동자는 가장 만만한 상대다.

정민 씨는 파견노동자다. 자신에게 임금을 주는 곳은 파견업체지만 면접 볼 때 딱 한 번 가본 것 외에 파견업체 사장이 누군지도 모른다. 정민 씨는 한 공장에 파견되어 공장 정규직과 같은 일을 하고 있다. 하지만 정민 씨는 정규직 노동자가 받는 각종 수당이나 상여금도 받지 못하고 단지 최저임금 정도의 임금을 받는다. 공장이 외진 곳에 위치한 탓에 복지 차원에서 직원들에게 점심과 저녁 식사를 제공하는데, 그 지원 대상에서 파견노동자는 제외된다. 정규직은 무료로 식사하는 반면 정민 씨는 끼니마다 식대 2,000원을 내야 한다. 그나마 저렴한 값이라 생각하며 스스로를 위로하다가도, 고작 2,000원도 아까운 타인 취급을 받는 것이 서러울 때가 더 많다. 게다가 정민 씨는 몇 달 째 아무런 직책도 없다. 주임님, 대리님, 팀장님처럼 이름 뒤에 붙이는 호칭은 정규직의 것이었다. 호칭은 어딘가에 소속됐다는 안정감을 주고 어떤 일을 하는 사람이라는 표식이 된다. 그렇지만 정민 씨는 그냥 이름이나 "어이"라고 불렸다.

비정규직에 대한 차별은 구조적이었고 은연중에 정규직에게는 권력이 생겼다. 정민 씨가 다닌 공장은 비정규직을 차별했고, 정규직 노동자들은 그 사실을 알면서도 신경 쓰지 않았다. 나중에 정민 씨는 정규직 팀장에게 성추행을 당했지만, 다른 정규직 노동자들은 목격자가 되길 거부했고, 사장은 정민 씨만 마음을 풀면 된다고 했다. 피해자였던 정민 씨는 요주의 인물이 되면서 회사를 다닐 수 없게 됐다. 비정규직이었던 정민 씨는 구조적 차별의 피해자였고, 정규직에게 부여된 상대적 권력에 희생당했다.

회사가 비정규직을 차별하지 않더라도 각기 다른 고용 형태는 회사 분위기를 난처하게 만들기도 한다. 내가 일하던 곳에서도 종종 비정규직을 고용했다. 기간이 정해져 있는 사업을 담당할 사람이 필요해서였다. 그 전까지는 비정규직과 함께 일해본 적이 없었고 나 역시 비정규직으로 일해본 적도 없었다. 처음에는 동료가 비정규직이라는 걸 의식하지 못했다. 그러다 한 달이 지나고 두 달이 지났을 뿐인데, 함께 일할 수 있는 시간이 얼마 남지 않았다는 사실에 황당했다. 동료 역시 고용 불안을 느꼈고, 이후 삶을 어떻게 계획해야 할지 혼란스러워했다. 동료를 대할 때 비정규직의 고충을 모르는 듯 보일까 조심했고, 동료가 커피 값을 계산할 때마다 미안했다. 이런 마음이 든다는 건 이미 대등한 관계가 아니라는 의미였다. 그래서 자꾸만 마음이 불편했고 우리 관계가 안타까웠다.

회사 안에 다양한 층위의 권력관계가 생기는 건 그다지 좋은 징조가 아니다. 조직을 운영하는 데 적당한 위계는 필요하지만, 필요 이상의 권력관계는 누군가를 차별하거나 불편한 관계를 만든다. 결국 그 피해는 모두에게 돌아간다. 비정규직이 늘어나는 걸 반대하는 이유다. 우리 곁에는 많은 비정규직이 있다. IMF 외환위기 이후 급격히 늘어난 비정규직은 정규직만큼이나 흔한 고용 형태가 됐다. 비정규직 규모를 줄이는 사회 구조적인 변화가 필요하겠지만, 개인이 할 수 있는 일은 아니다. 그렇지만 비정규직이라는 고용 형태가 비인간성을 띠지 않도록 습관적으로 비정규직을 등한시하진 않았는지, 우리 회사에 비정규직을 차별하는 구조는 없는지 돌아보는 연습이 필요하다. 결국 차별을 줄이는 일은 모두의 몫이다.

잠식당하지 않기

상담을 하고 나면 얼굴이 아팠다. 노동자와 마주 앉아 있을 때면 나도 모르게 몸이 긴장했고 특히 얼굴 근육에 힘이 들어갔다. 노동자로부터 상담 내용을 들을 땐 적당히 반응해야 했다. 사용자의 위법 행위, 빼앗긴 권리에 대한 이야기를 들을 땐 안타까움을 표현하고 노동자에게 유리한 증거가 있다는 게 확인되면 안도감을 내비쳤다. 사용자와 싸우려면 어떤 준비가 필요한지, 어떤 과정을 거쳐 싸워나가야 하는지 눈에 힘을 주며 설명했다. 상담 내내 수십 번 고개를 끄덕이지만, 긴장을 숨길 수 없었는지 어깨가 딱딱해졌다. 근육 여기저기가 자꾸만 아팠다.

이 정도는 괜찮은 편이었다. 사정이 딱하거나, 감정이 지나치게 앞서는 노동자를 만나면 더 많은 긴장과 복잡한 감정이 뒤따랐다. 이런저런 상담에 지쳐갈 때쯤, 자신의 편을 들어주지 않는다며 나를 원망하는 노동자를 만났다. 정중하고 분명하게 내가 할 수 있는 것과 할 수 없는 것을 구분해 설명했지만, 사용자에게 상처받은 노동자는 나의 분명한 구분을 또 다른 공격으로 받아들였던 것 같다. 상담은 실랑이가 됐고 서로에게 상처만 남기며 끝이 났다. 그날을 기점으로 한동안 회복이 어려웠다. 어쩌면 아직 회복 중인지 모르겠다. 이전에는 얼굴에 힘을 주며 온몸으로 공감을 표현하려 했지만, 그날 이후로 의식적으로 마음을 덜 쓰기 위해 노력한다.

상담받는 노동자들은 인생에서 중요한 결정을 할 때 내 말 한마디 한마디를 근거로 삼는다. 때로는 당신이라면 어떤 결정을 할 것인지, 당신 가족이라면 어떤 조언을 해줄 것인지 물으며 나에게 결정을 미루기도 한다. 노동자들이 직장 생활을 하며 겪는 고통의 무게만큼 나 역시 일할 때마다 말의 무게를 실감한다. 수습노무사로 교육이 끝나갈 때쯤 선배노무사에게 도장을 선물로 받았다. 노무사가 작성하는 각종 서류는 대리인 노무사의 도장을 찍은 후 비로소 완성되는데, 수습 기간이 끝났으니 나도 내 이름으로 된 도장을 찍을 수 있게 되었다. 기뻐하는 나에게 선배노무사가 한마디를 덧붙였다. 앞으로 도장의 무게를 실감하며 살게 될 거라고.

콜센터에만 감정노동이 있는 게 아니다. 모든 노동은 감정노동이다. 다짜고짜 화를 내는 고객에게도 사랑한다는 말을 하고, 고객과 눈높이를 맞추기 위해 기꺼이 한쪽 무릎을 꿇는다. 사람의 감정은 수학 공식처럼 딱딱 떨어질 수 없는데, 일하는 노동자의 감정은 조작된다. 그리고 성공적인 사회생활을 위해 감정노동이 동원되기도 한다. 몇 년 전 사회복지시설 종사자의 감정노동 실태조사에 참여한 적이 있다. 내담자에 의한 감정노동이 연구의 주안점이었지만 몇몇 노동자들은 직장 상사로 인한 감정노동이 더 견디기 힘들다고 호소했다. 상사의 말에 적당히 맞장구 치고 '아재 개그'에도 적당히 웃어주는 적당함의 미덕은 직장 생활의 필수가 됐다. 그 과정에서 우리의 감정도 적당히 통제됐다.

홍승희 작가는 저서 《붉은 선》에서 특정한 성에 부여되는 역할을 "요람에서 침대, 무덤까지 수행되는 섹슈얼리티 역할극"이라고 표현했다. 사회가 요구하는 어떤 모양의 형태가 너무 뚜렷한 나머지, 개인의 의지가 개입될 세 없이 관성적으로 그 모양과 같아지도록 끌려가는 '역할극'에서 벗어나, 인간이고 싶다는 말에 무척 공감했다. 그리고 감정노동의 또 다른 이름, 역할극을 하느라 시시각각 상대에 따라 다른 표정과 다른 톤으로 반응하는 상대적인 존재가 된 나를 돌아보게 됐다.

물론 역할극이라는 표현은 정확했지만, 여성으로서의 역할극과 직장인으로서의 역할극은 결이 조금 달랐다. 역할극에 둘러싸인 삶이 우습고 피곤하게 느껴져 진짜 내 표정을 찾고 싶을 때도 있었지만, 한편으로 계급장을 떼고 나면 나를 소개할 표현 하나를 찾기 힘들었다. 나라는 고유한 존재가 무엇인지 궁금하면서도, 세상에서 나의 쓸모가 없어질까 겁났다. 직장에서 주어진 역할이 있는 사람만이 역할극도 할 수 있는 것이니까.

누구나 일을 하며 살아간다. 일을 통해 자신의 쓸모를 확인할 수 있지만, 자신을 잃기도 한다. 양날의 검처럼 스스로에게 득이 되면서 동시에 해를 입힌다. 쓸모 있는 사람이라는 것에 감사하면서 그 역할극을 하느라 힘들고, 역할이 주어지지 않을 땐 자유와 공허 속에 몸부림친다. 길을 잃지 않기 위해 역할과 역할극 사이에서 중심을 잘 잡아야 한다. 일하는 평범한 삶을 꾸려나가며 자신의 역할에 잠식당하지 않도록 사이사이의 균형을 챙길 시간이다.

내 탓 하지 않기

드라마 〈미생〉의 안영이는 '남초 직장' 종합상사에 수석으로 합격한 유일한 여성 신입사원이다. 뛰어난 능력을 갖췄고 차가워 보일 만큼 감정을 드러내지 않았으며, 낑낑거리면서 무거운 물건을 들면서도 도움을 거절하는 당당한 캐릭터였다. 그런 안영이가 같은 팀 남성 상사들로부터 따돌림을 당했다. 수선 맡긴 구두를 찾아오라거나 담배를 사오라는 등 남성 상사들이 시키는 사적인 심부름을 해야 했고, 회의실 테이블을 치우는 허드렛일도 견뎌야 했다. 노골적인 괴롭힘이 계속되자 똑똑하고 당당했던 안영이는 점점 어리숙한 '신입'으로 변해갔다.

직장 내 괴롭힘은 개인 간 갈등의 문제가 아니다. 갈등은 쌍방의 충동을 의미하지만, 괴롭힘은 일방적이다. 일방적이기 때문에 행위자와 피해자를 분명히 구분할 수 있다. 안영이는 누가 봐도 피해자였다. 그런데 이상한 일이다. 드라마 〈미생〉을 다룬 칼럼을 보면, 따돌림당한 안영이를 분석한 글이 대부분이다.

자신에 대한 질투 정도는 가볍게 무시했던 안영이는 오직 실력으로 회사에서 인정받았다. 그렇지만 딸로 태어났다는 이유로 어린 시절부터 아버지에게 미움을 받았고, 어쩔 수 없이 스스로 여성성을 부정하며 남성을 뛰어넘는 능력을 갖추기 위해 모든 면에서 완벽해지려고 노력했다. 그 결과 당차고 능력 있는 '커리어우먼'이 됐지만 "여자랑 같이 일 못 하겠다"라는 비합리적인 비난에 점점 무너져 갔다. 남성 중심 조직에서 안영이는 스스로 여성성을 지웠기 때문에 수석으로 합격할 수 있었지만, 결국 여성이라는 이유로 따돌림과 괴롭힘의 대상이 되고 말았다. 하지만 언론은 안영이가 괴롭힘의 대상이 될 수밖에 없었던 안영이의 역사를 분석할 뿐, 남성 중심 조직 문화와 가해자인 남성 상사들이 문제라는 점은 크게 주목하지 않았다.

단순히 안영이가 주인공이었기 때문일까. 비슷한 상황은 현실에서도 되풀이된다. 수현 씨는 정수기회사에서 일을 시작한 사회초년생이었다. 학자금 대출도 갚고 자립하겠다는 기특한 생각을 가진 수현 씨였다. 영업 일이 험하다는 이야기는 들었지만, 수현 씨는 고가의 거래를 성사시킬 정도로 노력했고 일정한 성과를 내기도 했다. 그런 수현 씨가 갑자기 자살시도를 했다. 무엇을 해도 이런저런 이유로 공격을 받았고, 상사의 폭언이 지속됐기 때문이다. 언제까지 버틸지 두고 보자며 위협적인 행동으로 겁을 줬고, 다른 직원들이 보는 앞에서 조롱거리로 만들었다. 수현 씨가 할 수 있는 일은 당하는 것 말고는 없었다. 폭력과 폭언에 길들여진 수현 씨는 위험한 상황에서 자신을 어떻게 보호해야 하는지 판단할 수 없는 상태였다. 그렇게 수현 씨는 두 번째 자살시도를 했다. 당장 퇴사하라는 주위의 설득에도 불구하고 1년을 채워 퇴직금이라도 받아야겠다며 수현 씨는 이후에도 위태로운 직장 생활을 이어갔다. 그런 수현 씨를 위해 할 수 있는 일이 무엇이 있냐며 수현 씨의 친구가 상담을 요청했다.

수현 씨와 안영이는 사회생활을 갓 시작한 청년으로,

의욕적으로 일을 시작했지만 직장 내 괴롭힘을 당했다. 똑똑했던 안영이는 어리숙해졌고, 반짝거리는 눈빛으로 자립하겠다고 말했던 수현 씨는 두 번이나 자살시도를 했다. 일련의 이야기 속에서 수현 씨와 안영이가 지독한 괴롭힘을 당해도 될 만한 이유는 어디에도 없었다. 그렇지만 언론은 안영이의 역사에 주목하며 어릴 적부터 여성이라는 이유로 차별받아 온 안영이의 방어기제가 '신입'답지 못해 미움을 사거나, 결국 '남성'이 되지 못해 차별을 받았다고 분석했다.

군대 문화에 기반을 둔 남성 중심적이고 위계적인 조직 문화와 집단주의적 문화는 길고 단단한 역사를 갖고 있다. 직장 내 괴롭힘의 원인을 쉽게 피해자에게서 찾는 이유도 이 때문이다. 직장 내 괴롭힘 피해자를 무능력하거나 사회생활을 잘 못하는 사람 취급하는 건 마치 성폭력 피해자를 '꽃뱀' 취급하는 것과 다름없다. 일을 잘 못하면 교육을 통해 잘하게 만들고, 관계가 원만하지 못하면 조직 차원의 대책을 마련해야 한다. 모든 걸 회사 탓이라고 할 수 없지만, 사용자가 가진 인사권으로 노동자를 채용했다면 그 인사권을 이용해 노동자의 잠재력을 끌어내는 건 권리에 상응하는 사용자의 의무이다.

간편하다는 이유로 피해자에게서 괴롭힘을 당할 만한 원인을 찾는 시선을 멈춰야 한다. 직장 내 괴롭힘 금지법은 괴롭힘이 더 이상 개인 간 갈등이나 성격, 사회생활 문제가 아니라 한국 사회가 갖고 있는 남성 중심, 성과 중심, 그리고 집단주의적 문화 속에서 만들어진 구조의 문제라는 공감대 위에 만들어졌다. 괴롭힘당할 만한 사람은 없다. 괴롭힘이 일어나기 쉬운 환경만 존재할 뿐이다.

직장 내 괴롭힘은 눈에 보이지 않지만, 고통스럽다. 사람을 정신적으로 괴롭히는 것만큼 잔인한 게 또 있을까. '직장갑질119'는 직장 내 괴롭힘 금지법 시행과 동시에 직장인들을 위한 십계명˙을 발표했다. 그 첫 번째가 '내 탓이라고 생각하지 않는다'이다. 직장 내 괴롭힘은 괴롭힘이 발생하도록 방치한 조직 문화와 괴롭힘 행위자의 인성 탓이다. 혹은 월급을 줬으니 마음대로 부려도 된다고 생각하는 천박한 인식 탓이다. 못된 상사들에게 괴롭힘을 당하며 스스로를 바보라 탓했던 수현 씨와, 점점 어리숙하게 변해갔던 안영이의 상처와 자존감이 회복되길 바란다.

직장갑질119 십계명 ◇◇

1. 내 탓이라고 생각하지 않는다.

괴롭힘을 당하고 계세요? 당신 잘못이 아닙니다.

2. 가까운 사람과 상의한다.

괴롭힘을 당한 사실을 가족, 친구 등 가까운 사람에게 SNS로 알리고 상의하세요.

3. 병원 진료나 상담을 받는다.

정신적 스트레스를 받으면 병원 진료나 상담을 받습니다. 괴롭힘과 산업재해를 인정받을 때 필요합니다.

4. 갑질 내용과 시간을 기록한다.

갑질 내용과 시간, 자리에 있었던 동료, 특이 사항 등을 상세하게 기록합니다.

5. 녹음, 동료 증언 등 증거를 남긴다.

본인이 참여한 대화를 녹음하는 건 불법이 아닙니다. 녹음, 동료 증언, 문자, 이메일, SNS 등 증거를 모읍니다.

6. 직장괴롭힘이 취업규칙에 있는지 확인한다.

10인 이상 사업장의 경우 취업규칙에 괴롭힘이 명시되어 있는지와 신고 기관, 예방 조치 등을 확인합니다.

7. 회사나 노동청에 신고한다.

괴롭힘 사실을 회사에 신고합니다. 공무원, 공공기관은 국가인권위원회에 진정할 수 있습니다. 괴롭힘 신고를 제대로 처리하지 않았거나 대표이사의 괴롭힘은 노동청에 신고(진정, 고소)하면 됩니다.

8. 유급휴가, 근무 장소 변경을 요구한다.

가해자와 같은 사무실에서 근무할 수 없다면 근무 장소 변경과 유급휴가를 요구합니다.

9. 보복 갑질에 대비한다.

괴롭힘 신고자나 피해자에게 해고나 불리한 처우를 하면 3년 이하의 징역 3,000만 원 이하의 벌금에 처하게 됩니다.

10. 노조 등 집단적인 대응방안을 찾는다.

노동조합, 노사협의회, 직장갑질119 온라인모임 등 집단적인 대응 방안을 찾습니다.

(출처 : 직장갑질119)

아프면 병원 가기

수습노무사 교육을 받을 때 있었던 일이다. 물을 마시다 물이 목에 걸려 콜록콜록 기침을 했다. 적막한 사무실에 숨넘어갈 듯한 내 기침소리만 가득 울렸다. 그때 선배노무사가 나에게 다가와 물었다. "최 노무사 감기 걸렸어요?" 감기가 아니라고 대답하려 했지만, 아직 목이 가다듬어지지 않아 대답하지 못하고 연신 기침을 했다. 그러자 선배노무사가 말을 이었다. "감기 걸렸으면 병원 가봐요. 아프면 빨리 병원 가야죠." 감기가 아니라고 겨우 대답했지만, 내 대답과 상관없이 선배노무사는 계속 말을 이었다. "일하다 아프면 바로바로 병원 가야 해요. 감기뿐만 아니라 마음이 아프면 정신병원도 가고. 감기 걸리면 약 먹듯이 정신과 약도 제때 먹는 게 중요해요."

수습 기간이 끝나고 몇 년이 지난 지금까지 선배노무사의 말을 감사히 간직하고 있다. 정신병원은 '미친' 사람만 가는 거라는 사회적 편견이 있고, 나 또한 그랬다. 대학생때 처음으로 정신과에 다니는 친구를 봤는데, 나는 그 친구의 우울을 비합리적 사고라 생각하고 고쳐주려 했었다. 하지만 선배노무사의 말처럼 아프면 병원 가는 것, 그것뿐이었고 정신병원이라고 다를 건 없었다.

2019년 근로복지공단은 2018년 산업재해 신청 건수와 업무상 질병 인정률이 최근 10년 이내 최대를 기록했다고 발표했다. 산업재해가 발생해도 산업재해 신청을 하면 회사에서 찍힐 수도 있다는 두려움과 번거로운 신청 절차로 인해 은폐되기 일쑤인데 산업재해 신청 건수가 증가했다는 것은 바람직한 변화였다. 특히 일하다 다치는 업무상 사고에 비해 일하다 병에 걸리는 업무상 질병은 업무와 질병 사이의 인과관계가 명확하게 눈에 보이는 게 아니라서 인정률이 낮은 편인데, 업무상 질병 인정률이 증가했다는 점도 반가운 소식이었다. 그리고 여러 유형의 산업재해 중 정신 질환은 산업재해 신청 건수와 업무상 질병 인정률 증가에 긍정적인 영향을 미쳤다. 2016년 근로복지공단은 외상후스트레스장애와 우울증 등 흔하게 발병하는 정신 질환을 업무상 질병 인정 기준에 구체적으로 명시했고, 직장 내 성희롱과 직장 내 괴롭힘처럼 정신 질환을 유발할 만한 사건이 사회적으로 관심을 갖게 되면서 신청 건수와 인정률이 함께 증가한 것이다.

일하다 다치거나 아픈 노동자가 산재보험을 통해 치료를 받아 다시 건강을 되찾을 수 있도록 하는 것이 산재보험제도˚의 목적이다. 그러니 산업재해 인정률이 증가했다는 것은 사회적으로 마땅히 이뤄내야 할 변화였다. 반면 산업재해 신청 건수가 증가했다는 것은 그것과 다른 측면의 의미를 갖는다. 노동자 개개인의 각성이 모여 일궈낸 변화이기 때문이다.

청소노동자 실태 조사를 위해 건물 청소를 하는 청소노동자와 인터뷰를 한 적이 있다. 청소노동은 대체로 중년 여성의 일자리였고, 자신의 몸만 한 길이의 대걸레를 들고 넓은 건물을 수차례 닦는 일이었다. 걸레질을 하느라 어깨가 아프지 않느냐고 질문하자, 청소노동자는 어깨, 허리, 다리, 안 아픈 데가 없다고 했다. 이어서 병원에는 가 봤는지, 산업재해 신청을 해보거나 목격한 적이 있는지 물었다. 청소노동자는 통증이 심할 때 한의원이나 정형외과에 가서 물리치료를 받긴 하지만 산업재해는 생각해 본 적이 없다고 했다. 일하다 어디 부러진 것도 아닌데 산재 신청까지 할 일은 아니라고 덧붙였다.

걸레질 같은 반복적인 동작이 누적되면 근골격계 질병이 발생할 수 있고, 중년에게 흔한 퇴행성 변화가 자연적 변화보다 빨리 진행될 수 있기 때문에 산업재해 신청을 고려해 볼 만하다. 만약 청소노동자가 제때 병원에 가서 진단과 치료를 받았더라면, 일을 시작하기 전과 후, 왼팔과 오른팔을 비교할 수 있기 때문에 어깨 통증이 청소 업무로 인한 근골격계 질병이라는 점을 입증하기도 수월했을 것이다. 즉 산업재해로 인정받기 위해 가장 먼저 해야하는 일은 병원에 가는 것이다.

일하다 몸과 마음에 아픈 곳이 생기면 병원에 가야 한

다. 병원 갈 시간이 없다고 미루거나, 이 정도는 다 견디며 살고 있다고 생각하면서 참다가 골병든다. 산업재해 신청 건수가 증가한 것은 통증을 참지 않고 제때 병원에 갔기 때문이고, 그 통증이 비록 내 몸의 것이지만 사회적인 것이라 의심하며 제도 안에서의 치유를 시도했기 때문이다. 많은 노동자들이 산재보험제도를 활용하기 시작했다는 것은 긍정적인 변화다. 여전히 산재 신청은 어렵고 두려운 일이겠지만, 이것 하나만은 기억했으면 좋겠다. 아프면 병원 가기. 병원에 가서 내 통증을 객관화하고 치료부터 하자. 산업재해를 신청할 수 있는 기간은 병원 치료를 받은 날로부터 3년이다. 다음 일은 병원부터 간 후 천천히 생각해도 늦지 않는다.

산재보험제도 ⬦⬦

산재보험은 정부지원금과 사업주가 부담하는 보험료로 운영되는 사회보험이다. 업무상 사유로 부상, 질병, 장해, 사망 등의 산업재해가 발생한 근로자는 근로복지공단에 산재보상을 신청할 수 있고 공단은 사실을 확인하여 산업재해인지 아닌지 판단한 후 필요한 보상을 실시한다. 산재보상의 종류로는 요양급여, 휴업급여, 장해급여, 유족급여 등이 있다.

나부터 조심하기

기업 관리자를 대상으로 직장 내 괴롭힘 예방 교육을 하던 중, 업무에 능숙하지 못한 직원에게 "OO씨 고졸이죠?"라고 말했던 상사의 사례를 보여줬다. 이 사례처럼 직원에게 막말이나 모욕적인 발언을 할 경우 직장 내 괴롭힘이 될 수 있으니, 이런 발언은 삼가야 한다는 설명을 덧붙였다. 그러자 교육을 듣던 관리자들이 술렁거렸다. 한 사람은 "이런 말도 못 하면 일 못하는 직원을 어떻게 가르쳐야 하냐"고 질문했다. 안 그래도 술렁거리던 분위기가 더 혼란해지기 시작했고 내 머리도 혼란스러웠다.

가르친다는 이유로 어디까지 사람을 함부로 대해도 되는 걸까. 비슷한 상담을 했던 기억이 난다. 전선을 자르는 기계와 박자를 맞춰 일해야 하는 제조업 사업장이었다. 입사한 지 얼마 되지 않은 태영 씨는 상사로부터 자주 욕설이 섞인 핀잔을 듣고 있었다. "이 새끼야 정신 똑바로 안 차릴래?" 이런 식이었다. 처음에는 일하는 내내 언짢을 태영 씨가 걱정됐다. 그러나 상담을 더 해보니 태영 씨에게도 잘못이 있었다. 아직 작업이 익숙하지 않아 숙련된 상사의 속도를 따라가지 못할 수는 있지만, 작업 중에 태영 씨는 습관적으로 핸드폰을 열어 보거나 시계를 바라봤다. 잘못하면 기계의 칼날에 신체 일부가 절단될 수 있는 아찔한 상황이었다.

이 상담을 어떻게 처리해야 할지 고민됐다. 작업에 집중하지 않아 사고가 발생하는 것을 예방하기 위해 태영 씨도 습관을 고칠 필요는 있었다. 언뜻 태영 씨가 잘못했다고 생각했지만, 선배의 조언은 달랐다. 기계를 사용해 일하는 작업장에서 안전 수칙을 준수하는 건 당연히 중요하지만, 집중하지 않는 태도를 고치면 될 뿐, 아무리 위험한 상황이라 해도 사람에게 욕설하는 건 용납할 수 없는 일이라고 했다. 선배의 말이 맞았다. 근로기준법에서도 사고가 발생할 우려가 있거나 노동자에게 잘못이 있더라도 어떠한 이유가 됐든 사용자는 노동자를 폭행해서는 안 된다고 규정하고 있다.

관리자들에게 이 사례를 이야기했다. 단순히 일을 잘못하는 것도 아니고 사고가 발생할 수 있는 상황이더라도 욕설이나 모욕적인 발언을 해서는 안 된다고, 그것은 노동자에게 정신적 고통을 주는 행위이고, 직장 내 괴롭힘이라고. 물론 한 번에 받아들여지진 않았고 많은 질문이 오갔다. 어디까지나 원칙은 어떠한 상황에서도 직장 내 괴롭힘은 용납되지 않는다는 것이었다. 중요한 건 자신의 언행이 노동자를 교육하는 것인지, 직장 내 괴롭힘을 하는 것인지 잘 구분해 내는 것이었다.

물론 구분하는 일이 쉬웠다면 애초에 갈등은 없었을 것이다. 저마다 다른 환경에서 자란 우리는 상처에 대한 역치도 서로 다르다. 누군가에게 기분 나쁜 말이 누군가에게는 아무렇지 않을 수 있고, 누군가는 걱정해서 한 말도 누군가에게는 상처가 되기도 한다.

한때 나도 상사에게 문자를 받을 때마다 어떻게 답장해야 할지 한참을 쩔쩔맸었다. 있는 그대로의 정보를 공유하면 되는데, 어떤 의도가 있는 질문인지, 내가 놓친 건 없는지 망상에 가까운 걱정이 이어졌다. 상사는 나를 괴롭힌 적이 없지만 나는 상사 때문에 괴로웠다. 이처럼 상사는 아무것도 하지 않았는데, 누군가 직장 내 괴롭힘을 당한다고 생각할 수 있다. 이럴 땐 누가 억울할까?

청년에게 건배사를 시키는 사람은 대놓고 꼰대이길 자처하지만, 자신이 얼마큼의 권력을 갖고 있는지 의식하지 않고 행동하는 것 역시 꼰대다. 주로 자신의 위치에 별로 관심을 두지 않는 사람이 여기에 해당한다. 회사에서는 업무를 매개로 관계가 만들어지고, 그 관계에는 각자의 위치가 전제된다. 하나의 팀을 이룰 때 누군가는 팀장의 위치에 올라 팀원을 리드한다. 대부분 팀장은 팀원보다 더 많은 경험과 역량을 갖고 있고, 그에 걸맞은 권한과 보상을 받는다. 그렇게 팀장에게 권력이 주어지면 팀원은 팀장의 지휘·명령을 따라야 한다.

직장 내에서 권력은 막강한 힘을 의미하지만 가시적이

지도, 만져지지도 않는다. 그래서 권력을 가진 사람은 자신의 힘을 잘 인식하지 못한다. 권력자는 타인과의 관계에서 쉽게 편안함을 느끼지만, 권력 위에서만 편안함을 느낄 수 있다는 걸 인식하지 못하고 모두가 편할 거라고 착각한다. 권력으로 인해 생기는 안락함은 금방 익숙해지기 마련이라 권력을 갖기 전 모습을 생각하기도 어렵다. 그렇게 자신에게 주어진 힘의 존재를 잊어버린다.

반면 권력이 없는 사람은 권력이 두려운 만큼 권력의 크기를 과대평가한다. 권력자 앞에서 불편함이나 불안감을 느끼다 보니 팀장의 말 한마디에 안절부절 못하거나, 자신이 일을 잘못하고 있는 것은 아닌지 자책하기도 한다. 아무리 악의 없는 행동이라도 권력을 입히면 다르게 받아들여질 수 있다. 상사가 보낸 문자 속 말투 하나에도 눈치 보면서 과도하게 스트레스를 받거나 '차라리 욕했으면 좋겠다'라고 생각하게 되는 이유도 이 때문이다.

직장 내 괴롭힘 상담은 대부분 피해자가 요청하지만, 가끔 가해자로 지목됐다며 어떻게 대응해야 하는지 묻는 사람을 만날 때가 있다. 가해자로 지목됐더라도 억울한

게 있겠지만, 이야기를 듣다 보면 왠지 모를 아쉬움이 생긴다. 직급에 따라 직장 내 괴롭힘에 대한 감수성에 차이가 있고, 직급에서 나오는 권력의 파급력을 고려하지 않고 행동하다 보니 누군가를 괴롭히는 결과가 초래되기도 한다. "OO씨 고졸이죠?"가 직원을 가르치기 위한 말이었다 해도, 상사에게 그 말을 듣는다면 위축감과 모욕감이 더 크게 느껴질 수 있다. 따라서 자신이 권력을 갖고 있고 매사에 그 권력이 사용된다는 것을 인지했다면 억울한 일은 생기지 않았을 것이다. 성찰을 게을리 한 결과다.

권력은 마치 에너지처럼 행동에 힘을 싣는다. 함부로 권력을 이용하는 권력남용이 아니더라도 권력은 존재하는 만큼 이용된다. 그렇기 때문에 권력을 갖고 있는 것만으로 타인을 겁에 질리게 할 수 있다는 것을 인정해야 한다. 자신의 권력을 성찰하고, 괜한 오해가 생기지 않도록 행동에 주의하며 타인에 대한 공감 능력을 가져야 한다. 나의 언행이 상대를 불편하게 하는 것은 아닌지 고민하는 역지사지가 필요하다. 그렇지 않으면 의도치 않게 타인을 괴롭히는 인정하기 힘든 상황에 처할지도 모른다.

편 가르지 않기

2020년 6월, 인천국제공항공사가 용역업체 소속이던 보안검색요원 1,900여 명을 직접 고용 정규직으로 전환한다고 발표하면서 거센 논란이 있었다. 인천국제공항공사 정규직이 되려면 통상적인 공개 채용을 거쳐야 하는 반면, 이들은 기존 업무를 그대로 하면서 소속만 바뀌는 것이라 공개 채용 절차 없이 공사 정규직이 되는 것이다. 그러자 공개 채용을 거치지 않은 사람을 정규직으로 전환하는 것은 기회의 불평등, 과정의 불공정, 결과의 역차별이라며 공사의 발표를 두고 설전이 이어졌다. 그중 놀랐던 것은 힘들게 취업 준비를 하고 있는 구직자뿐만 아니라 인천국제공항공사의 정규직 재직자도 이를 역차별이라고 주장했다는 점이다.

청와대 일자리 수석에 따르면, 이미 일하고 있던 사람들을 그대로 정규직으로 전환하는 것일 뿐 구직자들에게 아무런 영향을 미치지 않는다고 한다. 이번 정규직 전환으로 구직자들의 기회가 줄어들거나 일자리를 뺏는 결과가 발생하지 않는다는 것이다. 인천국제공항공사는 공기업 중에서도 구직자들에게 선호도가 높은 공기업에 속한다. 그래서 구직자들이 충분히 억울한 마음을 가질 수 있다는 점에 일견 공감이 됐다. 하지만 정규직화 발표 이후 이어진 논란은 꽤나 복잡해 보였다. 일부에서는 공개 채용 시험을 거치지 않고 공기업의 정규직이 된 것을 두고 '로또 취업'이라며 비아냥거렸고, 성실하게 노력해서 합격한 재직자는 박탈감을 호소했다. "건강한 사회는 자신이 노력하는 만큼 보상을 얻고 이에 따라 소득 격차를 인정하는 것"이라는 목소리까지 나왔다.

반대로 묻고 싶었다. 중·고등학생 시절부터 굴곡 없이 학교 생활을 하며 충분히 사교육을 받을 수 있었고, 서울에 있는 4년제 대학에 들어가 등록금이나 생활비 걱정 없이 다양한 경험을 하며 대학 생활을 할 수 있었고, 동시에 어떤 일을 하는 사람이 될 것인지 꿈꿔볼 수 있었고, 꿈을 이루기 위해 어떤 노력을 해야 하는지 정보에 접근하는 데 큰 제약이 없었고, 계획한 대로 노력을 이어가다 결실을 맺는 '평범한' 사람의 모습으로 살아가는 게 진짜로 '자신의 노력'으로 얻어진 건 줄 아느냐고.

한 아이를 키우려면 온 마을이 필요하다는 아프리카 속담은 역으로 '개인'이라는 결과물은 부모, 이웃, 지역, 학교, 선생님, 친구, 그리고 자기 자신의 보살핌의 결과라고 해석할 수 있다. 이때 부모의 영향력이 절대적일 수밖에 없다. 어떤 교육을 받게 될지, 어떤 지역에서 생활하게 될지, 어떤 친구를 만나게 될지는 태어나면서부터 결정됐을 것이다. 물론 자신의 노력이 뒷받침되겠지만, 그 노력은 앞바퀴가 조절하는 방향과 속도를 따라가는 뒷바퀴 정도의 영향력일 뿐이다. 게다가 우리 삶에는 자신이 통제할 수 없는 수많은 변수가 존재한다.

모두가 건강하고 안전하게 성장할 수 있는 사회가 곧

기회의 평등이고, 특별한 문턱을 넘지 않은 사람도 괜찮은 삶을 누릴 수 있는 것이 공정한 사회다. 인천국제공항공사 사례처럼 공공기관에서 비정규직으로 일하다 정규직으로 전환된 노동자들은 약 9만 명이다. 어마어마한 수의 노동자가 정규직으로 전환됐고, 이는 무분별하게 비정규직 사용을 남용했던 잘못된 관행을 바로 잡는 일이었다. 또한 근거 없이 벌어져 왔던 차별을 바로잡는 계기였다. 그렇지만 정규직 전환을 둘러싼 분노와 갈등을 보니, 전환된 이후 하나의 일터 공동체를 만들 수 있을지 걱정이 앞섰다.

좋은 일자리와 직책, 괜찮은 근로 조건은 선망의 대상이자 경쟁의 대상이다. 자리를 지키기 위한 싸움은 생존과 직결되는 만큼 치열하다. 그 과정에서 우리는 서로 미워하고 배제하고 차별하기를 서슴지 않는다. 공공기관에서 공무직으로 일하는 기영 씨는 연장근로와 휴일근로가 많은 탓에 연차가 낮은 공무원보다 높은 임금을 받았다. 기영 씨는 공무원은 아니지만 공무원처럼 고용이 보장된 공무직이기 때문에 공무원과 다른 임금 체계를 적용받으면서 공공기관에서 오랜 기간 근속했다. 이는 시기의 원인이 됐고, 기영 씨는 공무원으로부터 현장 일이 뭐가 힘들다고 월급을 이렇게 많이 받냐는 식의 심술 섞인 핀잔을 들어야 했다. 이제 갓 임용된 공무원에게 그런 말을 들으니 기가 막혔지만 10년을 넘게 일한 기영 씨는 공공기관에서 2등 직원이라는 걸 수십 번도 넘게 느꼈기 때문에 아무런 대꾸도 하지 못했다. 공무원 조직에서 공무직은 2등 직원 취급을 받았고, 비정규직에서 정규직으로 전환된 노동자들에게는 무임승차자라는 낙인이 붙었다. 공공기관 정규직 전환 과정에서 나타난 분노의 대상은 불분명했지만, 전환 이후에는 그 분노가 전환된 노동자들을 향한다. 차별과 무시, 배제와 따돌림과 같은 양상의 직장 내 괴롭힘의 원인이 되고 공채와 비공채, 공무원과 비공무원 편을 가르며 공동체를 거부한다.

직장 내 괴롭힘은 어쩌면 경쟁과 갈등 속에 긴장하며 살아온 이 땅의 노동자들이 자신의 것을 지키려는 방어기제가 아닐까. 인천국제공항공사와 같은 좋은 일자리를 얻기까지의 고생, 얻고 난 후의 안락함을 방해받고 싶지 않은 마음, 빵빵한 복리후생이 보장되는 좋은 일자리를 잃으면 아무것도 남지 않게 된다는 두려움, 그 결과 정규직

화를 반대하고 비공채 출신과 비공무원은 자격이 없는 자들이라 치부하며 하대하는 분위기 어쩌면 모두가 억울할 것이다.

그러니 먼저 위로를 전한다. 경쟁 없이 살아남을 수 없는 정글이지만, 우리 미워하는 마음 대신 서로에 대한 측은지심을 가져보면 어떨까.

서로 지켜주기

2018년 10월 말. 직원들이 모두 있는 사무실 한복판에서 한국미래기술 양진호 회장이 직원의 뺨을 때리는 장면이 모자이크도 없이 방송됐다. 영상 속 양진호는 직원에게 고성으로 욕을 하고 있었다. 사무실은 적막했다. 직원들은 숨죽이며 최선을 다해 모른 척하고 있는 듯했다. 직원들을 원망할 수 있는 일이 아니었다. 누구에게나 그런 상황은 공포다. 어떤 문제가 외부로 알려졌다고 해도 아주 작은 부분에 불과할 것이다. 그 목격자들이 어떤 마음으로 그 시간을 견뎠을지 궁금했다.

우리는 내부인과 외부인 구분하기를 좋아해서 내가 다니는 회사에 문제가 있다 해도 그 이슈를 모두 외부화하지 않는다. 직장인이라는 소속감은 안정감을 주다 보니 자신과 비슷한 위치의 타인과 공유하는 소속감을 통해 자신의 정체성을 표현하려 한다. 회사를 떠난 순간 나를 소개할 표현을 찾기 힘든 것처럼 말이다. 이렇게 회사는 나의 정체성이 되고, 내부인과 외부인을 구분하는 것은 자신의 정체성을 확인하는 행위가 된다.

직장인에게 내부인과 외부인이란 같은 회사 사람인지 아닌지로 구분된다. 회사 생활이 아무리 힘들다고 해도 회사가 망하길 바라는 사람은 별로 없듯이, 회사는 자신의 정체성이기도 하다. 그렇기 때문에 회사 내부의 문제를 외부화하는 것은 마치 자신의 허물을 들킨 것과 비슷한 위기가 될 수 있다. 그래서 회사의 문제를 외부에 알리거나 신고하는 행동에 내부인은 민감하게 반응한다. 그리고 그런 사람을 배신자라 낙인찍는다.

목격자가 된다는 것은 복잡한 일이다. 동료가 뺨을 맞을 때 그저 숨죽이고 있을 수밖에 없었던 사람들은 어떤 기분이었을까. 자신은 평온하다는 착각을 깨지 않으려 동료를 돌보지 않았고, 배신자라는 낙인을 피하기 위해 목소리를 내지 않았다. 그렇지만 아무런 행동도 하지 못하는 무력감을 확인하며 좌절했을 것이고, 다음 피해자는 내가 될 수도 있다는 두려움을 가졌을 것이다.

일본에서는 직장 내 괴롭힘을 당한 피해자뿐만 아니라, 직접적인 폭언과 부당 대우를 당하진 않았더라도 같은 직장에 근무하며 직장 내 괴롭힘을 목격한 동료에게도 정신적 손해에 대한 위자료를 지급하도록 판결한 사례가 있다. 동료 목격자가 언젠간 자신도 직장 내 괴롭힘 피해자가 될 수 있다고 생각하며 괴로웠을 것이라고 인정해 준 것이다.

이처럼 직장 내 괴롭힘은 당사자만의 문제가 아니다. 직장 내 괴롭힘으로 오랜 시간 고통받는 피해자가 있다면, 두려움에 떨며 괴롭힘을 지켜보는 목격자가 있다. 피해자와 목격자는 고통의 시간을 함께 보낸 동지다. 그렇기 때문에 목격자의 역할이 필요하다. 피해자가 직장 내 괴롭힘에 맞서려 할 때, 목격자는 용기를 내준 피해자에게 감사하는 마음으로 적극적인 증인이 되어 피해자를 조력해야 한다. 반대로 피해자가 아무런 대응도 하지 못할 때, 괴롭힘의 고리를 끊겠다는 마음으로 스스로 또 다른 피해자임을 자처해야 한다.

직장 내 괴롭힘 문제가 수면 위로 드러날 때 해결을 향해 나아갈 수 있다. "우리 회사에 직장 내 괴롭힘이 있어요"라는 목소리는 회사를 시끄럽게 만드는 배신행위가 아니다. 가장된 평온은 깨져야 한다. 내부고발자라는 낙인은 훈장이 되어야 하고, 내부고발자는 자신이 목격한 부당함에 양심의 가책을 느끼는 영웅으로 여겨져야 한다. 피해자의 편에 서는 일은 나를 지키는 일이고, 피해자와 목격자를 지키는 일도 나를 지키는 일이다. 모두가 고통받는 회사가 진정한 평화를 되찾을 수 있도록 서로가 서로를 지키는 밧줄이 되길 바란다.

균열 내기

"노무사님 저 이겼대요." 2020년 11월 12일, 갑작스런 전화였다. 그날은 몸이 좋지 않아 며칠째 집에서 쉬던 중이었다. 저녁 8시쯤 핸드폰이 울렸고 액정 화면에는 은하 씨 이름이 떠 있었다. 은하 씨와는 2018년 이후로 연락한 적이 없었다. 딱 2년 만이었다. 은하 씨는 울고 있었다. 처음에는 은하 씨가 무슨 말을 하는지 몰랐다. 내가 되묻기도 전에 은하 씨는 같은 말을 또 했다. "저 오늘 이겼대요. 노무사님."

2017년 12월, 직장갑질119는 한 통의 메일을 받았다.

당시 공공기관은 정부 정책에 따라 비정규직을 정규직으로 전환하는 작업을 하고 있었고, 경기도 A시에서 비정규직으로 일했던 은하 씨도 그 대상이었다. 사회복지사였던 은하 씨는 누구보다 일에 열정적이었다. 그렇지만 열심히 일하던 은하 씨의 모습이 유난스럽게 여겨졌던 걸까. 상급자였던 공무원은 은하 씨를 못마땅하게 생각했고 쌀쌀맞게 대하기 일쑤였다. 정부 정책으로 은하 씨는 정규직으로 전환될 기회를 얻었지만, 어쩐 일인지 은하 씨는 평가 점수 미달로 전환 과정에서 탈락했다. 해고였다. 지역사회 저소득층을 만나 상담하고, 필요한 자원을 연계하는 게 주업무였던 은하 씨는 주어진 자원이 부족할 땐 어린이재단 같은 외부 자원까지 끌어올 만큼 열심이었다. 그럼에도 은하 씨는 성과가 좋지 않다는 이유로 해고당했다.

비정규직을 정규직으로 전환하겠다는 정부 정책의 취지는 참 좋았지만, 평소 미워했던 비정규직을 해고하는 수단으로 전환 과정이 이용되는 것은 막지 못했다. 직장갑질119 활동가는 은하 씨에게 싸워볼 만한 사건이라고 말하며 부당해고 구제신청을 하라고 권했다. 그 후로 은하 씨는 국선노무사를 선임해 부당해고 구제신청을 했지만, 기각됐다며 2018년 7월에 다시 직장갑질119를 찾았다. 그렇게 나는 은하 씨를 만났다.

　은하 씨는 나의 첫 의뢰인이었다. 나 역시 사회복지학을 전공했기에 은하 씨가 했던 일들이 엄청난 헌신이 있어야만 가능하다는 것을 잘 알았다. 이기기 위해서는 은하 씨에 대한 상급자의 평가가 주관적이고 근거가 없다는 점을 충분히 입증해야 했다. 그렇지만 피평가자가 접근할 수 있는 정보에는 한계가 있었다. 간절한 마음으로 최선을 다했지만, 중요한 정보를 내놓지 않는 A시를 이길 수 없었다. 그렇게 나는 첫 사건, 첫 패배를 동시에 경험했다.

　은하 씨는 좋은 사람이었다. 언제나 내게 정중했고, 내가 경력이 하나도 없다는 걸 알았지만 나를 믿어줬다. 오히려 자기 때문에 내가 첫 사건을 져서 어떻게 하냐며 미안해했다. 그리고 노동위원회에서 진 다음 날 은하 씨는 직장갑질119에 후원금을 보냈다. 직장갑질119에서는 다퉈볼 필요가 있다고 생각해서 은하 씨 사건을 무료로 수임했다. 그러니 돈을 돌려주겠다고 했지만 한사코 거절했고, 그게 마지막 연락이었다. 딱 2년 만에 다시 연락해 온 은하 씨는 울면서 이야기했다. "노무사님이 이긴 거예요."

은하 씨는 행정 소송을 했고 법원은 2년 만에 중앙노동위원회 판정을 뒤집는 결정을 했다. 판결이 확정되고 모든 행정 절차가 마무리된 후, 우리는 다시 만났다. 은하 씨는 노란 프리지아 한 다발을 들고 있었다. 기분 좋게 밥을 먹으며 이런저런 이야기를 나누는데, 은하 씨와 나는 꽤 가까운 동네에 살면서 비슷한 동선을 공유해 왔다는 사실을 알게 됐다. 인연이란 이렇게 무섭고 신기하다.

3년 동안 세 번의 싸움이 있었고 그중 두 번이나 패배했지만, 기어코 이겨냈다. 시간이 길어진 만큼 마음도 무뎌지고 새로운 직장에서도 자리를 잡았을 텐데, 은하 씨는 어떤 마음으로 싸움을 계속했을까. 그리고 긴 싸움을 이어가는 동안 희망과 좌절을 몇 번이나 오갔을까. 은하 씨가 이길 수 있었던 건 포기하지 않은 마음 덕분이다.

포기하고 싶은 사람에게 싸워보자고 하거나, 포기할 생각이 없는 사람에게 포기하는 게 좋겠다고 하는 건 힘든 일이다. 처음 일을 시작했을 때는 사건을 대리하는 순간 그 사람의 인생에 개입하게 된다는 것을 실감하지 못했다. 이 사건만 끝나면 그만인 대리인일 뿐인데, 그 사람 인생에서 중요한 결정을 함께한다는 게 부담스러웠다. 선배에게 이런 고충을 이야기하자 본인 역시 아직도 중심을 잡지 못했지만, 부담감과 책임감, 나를 믿어준다는 고마움이 뒤섞여 계속 이 일을 할 수 있는 것 같다고 했다.

은하 씨가 말했다. 이렇게 억울한 일이 아무렇지 않게 벌어지도록 내버려 둔다면 분명 또 다른 피해자가 생길 거라고. 부정의에 균열을 내겠다는 마음이었을까. 종종 일하면서 만나는 사람 중에 은하 씨와 비슷한 말을 하는 사람들이 있다. 자신은 이미 피해를 겪었지만 다른 사람이 같은 고통을 겪는 걸 막기 위해 꼭 짚고 넘어가겠다며 싸움을 시작한다. 그렇게 가해자를 움찔하게 하고, 아무렇지 않게 사람을 괴롭히던 조직 문화를 술렁이게 만든다. 영웅 같은 존재다. 좋은 의뢰인을 만나는 건 행복한 경험이고, 그 사람의 정의로운 싸움을 함께하는 건 뜻 깊은 경험이다. 선배의 말처럼 은하 씨는 오래도록 나를 지탱해 줄 기억으로 남아 있다. 중심을 잃지 않고 묵묵히 우리의 싸움을 해나가는 또 다른 은하 씨들을 응원한다.

꿈틀거리기

직장 내 괴롭힘이 위험한 것 중에 하나는 상황에 대한 합리적인 판단을 어렵게 만든다는 점이다. 많은 경우 직장 내 괴롭힘을 가하는 행위자에게 문제의 원인이 있다. 그러나 지속적으로 비난을 받아온 사람은 자신이 비난받아 마땅한 잘못을 했다고 착각하게 된다. 물론 처음부터 그런 것은 아니다. 직장 내 괴롭힘이 부당하다는 것쯤은 누구나 알 수 있고, 특히 피해자는 부당함에 저항하기 위해 여러 방법을 동원한다. 행위자의 비난에 동조하지 않는 소극적 저항, 내부의 지원을 받기 위한 호소, 맞서 싸우기와 같은 다양한 수위의 항의가 이뤄진다. 그렇지만 직장 내 괴롭힘에서 벗어나고자 하는 피해자의 시도가 번번이 좌절되면, 나중에는 이렇게 항의해도 아무런 소용이 없다는 것을 체득하게 된다. 결국 스스로 업무에 무능하거나, 사회생활에 능숙하지 못하다고 생각하게 되고, 비난받지 않기 위해 괴롭힘 행위자의 비난에 자신을 끼워 맞추려 한다.

그 후에 발생하는 상황들은 피해자를 더욱 위험에 빠트린다. 좌절을 반복 경험하고 항의할 힘과 동기를 잃어버리면 직장 내 괴롭힘에 무뎌지거나 무감각해지게 된다. 이러한 무감각은 같은 약을 오래 먹었을 때 생기는 내성과는 다르다. 무감각은 고립에 가깝다. 아무런 도움도 호소하지 않고 계속해서 직장 내 괴롭힘에 노출되면서 스스로 고립되는 악순환에 빠지는 것이다. 직장 내 괴롭힘을 효과적으로 해결하기 위한 다른 방법을 고민하지 않는다면 더욱더 벗어나기 힘든 덫에 빠지고 만다.

직장 내 괴롭힘 상담을 하다 보면 피해자 대신 상사에게 전화해서 욕을 한바가지 하고 싶을 때가 있다. 혹은 회사에 찾아가 피해자의 가족, 친구 행세를 하며 대신 항의하고 싶기도 하다. 피해자가 지나치게 위축돼 스스로의 힘으로 그 상황이 얼마나 비정상인지 판단하는 것조차 버거워 보일 때 그런 마음이 든다. 피해자가 덫에서 빠져나올 동기가 생기도록 "너의 잘못이 아니야!"라고 큰 소리로 말해주고 싶다. 불가능한 일이라는 걸 안다. 그러니 이 글을 통해 꿈틀거리는 일을 멈추지 말자고 제안하고 싶다.

나는 퇴근 시간 이후에 상사가 연락하면 큰 스트레스를 받는다. 처음에는 상사의 연락에 꼬박꼬박 대답하느라 진이 빠졌다. 정확한 대답을 하기 위해 자료를 다시 찾아보면서 업무를 상기해야 했다. 이제는 웬만해서 퇴근 시간 이후에 오는 상사의 연락에 대답하지 않는다. 매번 눈치가 보이지만 이 일을 오래하면서 나를 지키기 위해 설정한 가이드라인이다.

만약 상사에게 폭언을 들었을 때 어떻게 대처해야 할까. 상사의 폭언에 시원하게 대응하면 좋겠지만, 쉽지 않은 일이다. 그렇다고 당하고만 있을 순 없다. '사이다'는 못해도 뭐라도 한다는 게 중요하다. '막말하는 상사와 눈 마주치지 않기', '소리 지르는 상사에게 대답 안 하기', '성차별적 농담에 웃지 않기'처럼 불편한 내색 한번 해보는 건 어떨까. 그리고 이런 것들을 모아 자신만의 가이드라인을 만들어보면 좋겠다. 가이드라인이 있다면 적어도 그만큼은 내 잘못이 아니라는 걸 잊지 않게 해줄 것이다.

홀로코스트 생존자였던 장아메리는 《죄와 속죄의 저편》이라는 책에서 '되받아치기'의 중요성을 이야기했다. 장아메리는 유대인이라는 이유로 나치에 끌려가 아우슈비츠와 여러 수용소를 오가며 고문을 당하고 노역을 했다. 어느 날 수감자 중 십장이었던 자가 습관처럼 장아메리의 얼굴을 때렸는데, 장아메리는 참지 않고 똑같이 십장의 얼굴을 때렸다. 자신의 존엄을 회복하기 위한 시도였다. 곧바로 제압돼 몰매를 맞긴 했지만, 장아메리는 그 순간을 스스로 존엄을 되찾을 수 있었던 기쁜 경험으로 기억했다. 승산 없는 싸움이었지만 부당함에 저항함으로써 박탈당한 존엄성을 되찾으려 한 것이다.

비정상적인 상황에 맞서 싸워 현실을 바로잡거나, 참고 견디는 것. 우리에게 두 가지 선택지만 있는 것은 아니다. 현실을 바로잡을 순 없더라도 참고 견디기만 해서는 안

된다. 장아메리가 했던 것처럼 되받아치고, 꿈틀거리며 불편한 내색을 해보자. 소심한 반항이어도 괜찮다. 내가 정한 가이드라인만큼 저항한다면 완전한 희생자는 되지 않을 수 있다. 꿈틀거리는 경험이 누적될 때마다 불편함을 표현하고 부당함에 질문할 수 있는 용기를 얻게 될 것이다. 좌절하고 고립돼 마음이 황폐화되기 전에, 존엄성을 빼앗기지 않도록 나를 지키기 위한 기준을 만들어보자.

지금 여기서 그만두거나 도망친다고 해도 나의 이야기는 끝나지 않는다

첫 번째 직장을 퇴사했던 건 노무사 시험을 준비하기 위해서였습니다. 한동안 일과 공부를 병행했지만, 시간적으로도 체력적으로도 무리였고, 하루에 9시간씩 엉덩이 붙이고 앉아 공부하고 있을 경쟁자들을 생각하면 조바심이 났습니다. 결국 공부에 전념하기 위해 퇴사했고, 곧바로 독서실과 학원을 오가는 생활을 시작했습니다.

독서실은 집 앞이었지만 학원은 신림역에서 버스를 타고 5개 정류장을 더 들어가야 나오는 고시촌에 있었습니다. 학원이 위치한 신림동은 한이 서린 동네입니다. 입학

성적이 가장 높은 서울대학교가 위치해 있고 고시원이 밀집되어 고위직과 전문직이 많이 배출되는 동네지만, 반대로 고시를 준비하는 수많은 수험생의 패배의 기억이 켜켜이 쌓여 있는 곳이기도 합니다. 그래서일까요. 신림동에 갈 때마다 묵직한 분위기에 짓눌렸고, 다시는 신림동에 오지 않겠다는 마음으로 공부에 전념했습니다. 그렇지만 종종 어디에도 소속되어 있지 않은 내가 유난히 작게 느껴졌고, 그 외로움이 몸서리치게 싫었습니다.

제가 어릴 적, 어떤 국회의원은 한 과목만 잘하면 좋은 대학에 갈 수 있다고 했지만, 고등학생이 되자 '죽음의 트라이앵글'이라는 입시 제도가 시작되면서 내신, 수능, 논술에서 골고루 좋은 점수를 받아야 했습니다. 대학에 입학하자 '20대 개새끼론'이 빈곤한 청년을 가해자로 몰아세웠고, '아프니까 청춘이다'라는 식의 자기계발서가 베스트셀러로 서점에 깔렸습니다. 이런 환경 속에서 우리는 과연 건강하게 성장했을까요.

이 책을 마무리하는 시점에 한 대기업 직원이 직장 내 괴롭힘을 당해 스스로 목숨을 끊는 사건이 발생했습니다.

언론에 따르면 가해자인 직장 상사는 한동안 피해자에게 폭언과 함께 강압적으로 업무 지시를 했다고 합니다. 피해자가 느꼈을 모멸감을 감히 상상할 수 없지만, 죽음을 택하는 대신 그냥 회사를 그만두지, 하는 안타까움이 머릿속에 떠다닙니다. 왜 그만두지 못했을까요. 우리가 일터를 떠나지 못하는 이유는 무엇일까요.

신림동에서 마지막 강의를 들을 때 이제 정말 끝이라는 해방감과 과연 정말 끝이 될 수 있을까 하는 두려움이 동시에 들었습니다. 명문대 법대를 졸업하고 몇 년간 사법고시에 도전했지만 번번이 실패했던 사람은 행정법 강사가 되어 내 앞에, 그리고 수백 명의 수험생 앞에 서 있었습니다. 마지막 강의에서 그 강사는 이렇게 말했습니다.

"많은 수험생들이 시험에 합격하지 못하면 1년, 2년 혹은 그 이상의 기간 동안 쏟은 노력이 모두 없던 것이 된다고 생각합니다. 저도 몇 년간 고시에 도전했고 결국 불합격했던 쓰라린 기억을 갖고 있습니다. 그렇지만 열심히 공부했던 그 시간이 저에게 완전히 무의미한 것은 아닙니다. 시험에 합격하지 않더라도 시험을 준비할 때의 노력으로 어떤 일이든지 한다면 여러분은 반드시 성공할 수 있습니다. 저와 같이 고시에서 낙방한 제 친구는 마음을 추스르자마자 고시 공부 하듯이 토익을 공부했고, 곧 대기업에 입사해 지금은 잘나가는 직장인이 되어 있으니까요. 시험공부를 할 때의 치열함이라면 여러분은 뭐든지 잘할 수 있을 겁니다."

고시촌은 치열한 경쟁 사회의 집약체입니다. 끊임없이 성장해야 한다며 스스로를 채찍질하고 뒤처질까 두려워하는 우리 모습의 축소판이랄까요. 시험에 떨어지면 노력했던 시간이 무의미해지고 돌아갈 곳이 없어진다는 막막함은 회사를 그만둘까 고민하는 순간에도 비슷하게 되풀이됩니다.

퇴사 후 시험을 준비하는 시간 동안 지독한 불안감에 사로잡혔던 저는 이번에 불합격하면 인생이 끝날 것처럼 비장했습니다. 그 마음이 열심히 공부하는 동기로 작용했을지 몰라도, 스스로를 몰아붙였던 날들과 화해하기까지 한동안 자기혐오 속에서 고통스러운 시간을 보내야 했습니다. 제가 느꼈던 불안감은 오롯이 나 스스로 만들어낸 것이었습니다. 아무도 나를 낭떠러지로 세워두지 않았습니다. 스스로 낭떠러지에 섰던 저는 지레 겁을 먹고 낭떠러지 너머에 또 다른 세계가 있다는 걸 보려하지 않았습니다.

시험에 떨어져도, 회사를 그만둬도 너무 좌절할 필요가 없다는 말을 하고 싶습니다. 지금 여기서 그만두거나 도망친다고 해도 나의 이야기는 끝나지 않습니다. 단지 익숙한 방향과 약간 다른 구불구불한 길을 따라 걷게 될 뿐이죠. 불안감과 외로움은 내 곁에 왔다가 언젠가 사라지는 감정입니다. 계속해서 각자의 길을 따라가 보세요. 지금의 나는 지나온 모든 시간들의 총 합입니다. 그것으로 이미 충분합니다.

부록
—
노무사가 알려주는
회사 잘 그만두는 법

퇴사할 때 챙겨 나오기

(1) 퇴직급여

퇴직급여는 얼마나, 어떤 형식으로 받을 수 있나요?

1년 이상 근로한 경우 퇴직급여를 받을 수 있습니다. 퇴직급여의 종류로는 퇴직금과 퇴직연금이 있습니다.

퇴직금은 계속근로기간 1년에 대한 30일분의 평균임금 이상입니다. 예를 들어 3년 일하고 퇴사하는 경우 대략 3개월 치 임금이 퇴직금이 됩니다. 고용노동부 퇴직금 계산기를 통해 퇴직금 예상액을 계산해 볼 수 있습니다. 퇴직금은 퇴사 후 14일 이내 받는 게 원칙이고 당사자 간 합의로 지급 시기를 조정할 수 있습니다.

퇴직연금제도는 퇴직금을 일시금으로 지급해야 하는 사업주의 부담을 덜고, 퇴직금을 받지 못하는 체불 위험을 방지하기 위해 도입된 제도입니다. 퇴직연금제도를 통해 퇴직연금이 적립된 경우, 퇴사 후 개인 IRP계좌로 적립금을 이전해 일시금으로 받거나 계속 적립한 후 필요할 때 연금 형태로 받을 수도 있습니다. 퇴사 후 공백 기간이 있는 경우 퇴직급여를 유용하게 쓸 수 있기 때문에 본인에게 어떤 퇴직급여제도가 설정되어 있는지, 받을 수 있는 금액은 얼마나 되는지 미리 확인해 보는 게 좋습니다.

 퇴사하면 누구나 퇴직급여를 받을 수 있나요?

 1주 평균 15시간 미만을 일하는 초단시간 근로자, 프리랜서는 퇴직급여를 받을 수 없습니다. 그러나 프리랜서, 도급, 용역, 위탁 등의 계약을 맺었더라도 업무 내용이나 근무 형태 등이 실질적으로 근로자와 같다면 퇴직급여를 받을 수 있으니, 계약서와 실제를 꼼꼼히 비교하고 전문 상담을 받아보는 게 좋습니다.

---

(2) 연차유급휴가

 제가 쓸 수 있는 연차유급휴가는 몇 개인가요?

 1년간 80퍼센트 이상 출근하면 15일의 유급휴가가 발생하고, 3년 이상 계속 근로한 경우 16일, 5년 이상 계속 근로한 경우 17일로 늘어나 최대 25일의 유급휴가를 사용할 수 있습니다. 1년 미만 근속한 근로자는 1개월을 만근할 경우, 1일의 유급휴가가 발생합니다. 다만, 5인 미만 사업장 근로자와 1주 평균 15시간 미만을 일하는 초단시간 근로자는 연차유급휴가가 발생하지 않습니다.

 연차유급휴가를 사용하지 못하면 사라지는 건가요?

 연차유급휴가는 휴식을 위한 제도입니다. 때문에 일하는 중에 사용하는 게 기본 취지에 부합하지만, 마음대로 휴가를 쓰지 못하는 상황도 많습니다. 연차유급휴가를 사용하지 못했다면, 연차유급휴가수당으로 받을 수 있습니다.

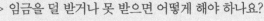

(3) 임금 체불

 임금을 덜 받거나 못 받으면 어떻게 해야 하나요?

 빈번하게 연장근로를 했지만 연장근로수당을 받지 못했거나, 연차유급휴가수당을 받지 못했거나, 최저임금에 미달한 임금을 받는 일 들이 있습니다. 부당하다는 걸 알면서도 재직 중에 회사를 노동청에 신고하기란 어려운 일입니다. 그래도 못 받은 건 돌려받아야죠. 체불된 임금이 있다면 노동청에 임금체불로 신고하고 3년 치 임금을 돌려받을 수 있습니다. 연장근로수당을 받지 못했다면 출퇴근 시간을 입증할 수 있는 자료를 미리 확보해야 하는 등 준비해야 할 것들이 있습니다. 자료는 재직 중에 확보하는 게 수월하니, 퇴사를 결정했다면 어떤 종류의 임금을 덜 받았고, 그 임금이 체불됐다는 걸 입증하기 위해 어떤 자료가 필요한지 알아본 후 미리 차근차근 준비하는 게 좋습니다.

---

(4) 실업급여

퇴사하면 누구나 실업급여를 받을 수 있나요?

매달 월급에서 4대보험료를 공제하는데 여기에는 고용보험료가 포함되어 있습니다. 실업급여는 사업주가 주는 게 아니라 우리가 꼬박꼬박 낸 고용보험료로 조성된 고용보험기금에서 나옵니다.

실업급여는 두 가지 요건을 충족하면 받을 수 있습

니다. 퇴사일 이전 18개월간 고용보험에 가입한 기간이 180일 이상이어야 합니다. 동시에 일할 의사와 능력이 있음에도 취업하지 못한 상태, 즉 비자발적 퇴사여야 합니다. 반면 중대한 귀책사유로 해고되거나 자발적으로 퇴사한 경우에는 실업급여를 받을 수 없습니다.

여기서 한 가지 더 따져봐야 하는 것은, 자발적으로 퇴사를 했어도 실업급여를 받을 수 있는 예외 상황들에 대한 것입니다. 임금 체불이 있었거나, 최저임금에 미달한 임금을 받았거나, 차별 대우를 받았거나, 성적인 괴롭힘을 당했거나, 통근 시간이 왕복 3시간 이상으로 늘어났거나, 질병 등으로 일할 수 없게 됐거나, 권고사직을 했거나, 사업주로부터 폭행을 당하는 등 통상적으로 퇴사할 만한 상황이라고 인정된다면 실업급여 수급이 가능합니다.

회사와 안전이별 하기

(1) 사직

 사직서는 언제 제출해야 하나요?

 근로계약 당사자는 언제든지 계약을 해지할 수 있습니다. 그렇지만 사용자가 일방적으로 근로계약을 해지하는 것은 해고이기 때문에, 사용자는 마음대로 근로계약을 해지할 수 없습니다. 결국 근로자는 언제든지 근로계약을 해지할 수 있으므로, 퇴사를 원할 때 사직서를 제출하면 됩니다.

 퇴사하기 한 달 전에 사직서를 제출해야 하나요?

 꼭 그렇진 않습니다. 사직서를 제출했음에도 사용자가 사직서를 수리해 주지 않을 때가 있습니다. 그래도 사직서 제출 후 1개월이 지나면 사직의 효력이 발생합니다. 민법에서 정하고 있는 것으로, 간혹 사업장의 취업규칙이나 근로계약서에 퇴사하려면 한 달 전에 사직서를 제출해야 한다는 내용이 있는데, 이는 민법의 규정을 준용한 것입니다. 동시에 후임자를 채용하고 업무 인수인계를 하는 등 업무 공백을 최소화하기 위한 회사의 안전장치라고 할 수 있습니다. 그러니 취업규칙이나 근로계약서에 퇴사하기 한 달 전에 사직서를 제출해야 한다는 규정이 있다면, 규정을 따르는 것이 좋습니다. 물론 근로자는 언제든지 근로계약을 해지할 수 있지만, 규정을 지키지 않고 갑자기 퇴사했다는 이유로 손해배상 책임이 발생할 수도 있기 때문에 주의해야 합니다.

 갑작스러운 퇴사로 사업장에 손해를 끼쳤다며 손해배상을 청구하겠다는데, 가능한가요?

 상황에 따라 다릅니다. 일정한 업무 권한과 책임을 갖고 있던 근로자가 갑자기 퇴사하는 바람에 담당업무가 마비되었고, 회복이 불가능하며, 심각한 수준의 경제적 손해를 끼쳤다면 손해배상 청구를 할 수도 있습니다. 예를 들어, 프로젝트가 한창 진행 중일 때 담당자가 돌연 퇴사하여 프로젝트 진행이 불투명해졌다면 사업장에 끼친 손해만큼 손해배상 책임이 생길 수 있습니다. 아마 프로젝트에 들인 비용만큼이 손해액이라 할 수 있겠죠. 즉 '근로자의 갑작스러운 퇴사' 행위가 원인이 되어 발생한 '손해'라는 인과관계가 명확해야 하고, 손해액이 특정될 수 있는 경우라면 손해배상 책임이 발생합니다. 그렇지만 흔한 경우는 아닙니다.

현실에서는 프로젝트 담당자처럼 프로젝트 운영에 결정적인 권한을 가진 사람이 아닌데도 '무단퇴사'라고 하면서 손해배상 청구를 하겠다고 하는 사례들이 있습니다. 기존 근로자가 퇴사하고 새로운 근로자가 입사하는 과정에 업무 공백이 발생할 수밖에 없는데, 이는 사용자가 감당해야 할 몫입니다. 사업을 운영하는 데 필연적으로 발생하는 업무 공백에 대해 근로자를 탓하며 손해배상 책임은 무는 것은 근거 없는 협박에 가깝습니다. 이런 일을 겪을 경우, 본인이 사업장에서 권한과 책임을 얼마나 가졌는지, 본인의 퇴사가 사업 운영에 큰 지장을 초래했는지, 손해액을 특정할 수 있는지 등을 따져본 후 단순한 협박인지 아닌지 판단해야 합니다.

사직서를 철회할 수 있나요?

 사직서 문구가 어떤 취지로 작성되어 있는지에 따라 다릅니다. '사직하겠다'라는 통보면 근로계약 해지 통고에 해당하기 때문에 철회는 불가능합니다. 반면 '사직하려고 하니 승인해 달라'라는 의사 표시라면 근로계약 해지를 청약한 것으로, 사용자가 사직서를 수리하기 전까지 철회할 수 있습니다. 그러니 사직서 제출 후 마음이 바뀌었다면 철회의 의사 표시를 밝혀야 합니다. 서면이나 이메일, 문자 등으로 사직서를 철회하겠다는 의사를 밝히고 근거를 남겨놓아야 철회를 둘러싼 분쟁에 대응할 수 있습니다. 만약 사직서가 수리되기 전 철회 의사를 밝혀 유효하게 철회되었음에도 퇴직 처리를 해버린다면, 이는 사직이 아니라 해고에 해당할 수 있습니다.

 퇴사하고 싶지 않은데 사용자가 강요해서 사직서를 썼어요. 해고된 건가요?

 아닙니다. 사직을 종용하는 방식의 직장 내 괴롭힘도 많지만, 일단 사직서를 써서 제출했다면 해고가 아니라 사직입니다. 퇴사할 마음은 없었지만 그만

나오는 게 어떠냐는 권고를 받고 사직서를 제출하는 권고사직도 마찬가지로 사직에 포함됩니다. 희망퇴직이나 명예퇴직도 결국 본인의 결정으로 사직서를 제출하는 것이기 때문에 사직입니다. 그러니 사직서 제출은 신중해야 합니다. 사직을 강요받는 상황의 억울함을 다투고 싶다면, 절대 사직서를 쓰지 말고 차라리 해고를 당한 뒤 부당해고 구제신청을 하는 것이 하나의 방법이 될 수 있습니다.

---

(2) 해고

 해고에는 어떤 종류가 있나요?

 해고는 징계해고, 경영상 이유에 의한 해고, 통상해고, 이렇게 세 가지 종류가 있습니다. 징계해고는 근로자의 귀책사유로 징계로써 해고되는 경우고, 경영상 이유에 의한 해고는 사용자의 경영상 어려움을 이유로 한 해고입니다. 통상해고는 업무 능력이 현저히 낮거나 신체적 장애가 발생하는 등 업무 수행이 곤란함을 이유로 한 해고입니다.

회사가 어렵다며 정리해고 한다는데, 그냥 해고당해야 하는 건가요?

 아닙니다. 경영상 이유에 의한 해고(정리해고)는 사용자의 경영상 어려움을 이유로 한 해고로, 근로자에게 귀책사유가 없기 때문에 근로기준법에서 보통의 해고보다 더 엄격하게 제한하고 있습니다. 먼저 ①회사가 도산할 정도로 긴박한 경영상의 필요성이 있어야 합니다. 단순히 회사가 어렵다거나 실적이 나쁘다는 것은 근로자를 해고할 만큼의 긴박성이 있다고 볼 수 없습니다. ②긴박한 경영상의 필요가 있다고 해도 해고는 최후의 수단이어야 합니다. 따라서 배치·전환이나 작업 방식 변경, 신규 채용 중단, 희망퇴직 등 해고를 회피할 수 있는 노력을 해야 합니다. ③해고 대상자를 선정할 땐 합리적이고 공정한 기준에 의해야 합니다. 성별이나 노동조합 가입 여부 등을 이유로 차별할 수 없습니다. ④이러한 해고 회피 노력과 해고의 기준 등에 대해 과반수로 조직된 노동조합(없는 경우 근로자대표)과 해고하려는 날의 50일 전까지 성실하게 협의해야 합니다. 일련의 요건을 위반한 경우, 부당해고일 가능성이 있습

니다. 단순히 회사가 어렵다면서 정리해고 한다고
할 때, 요건을 준수했는지 살펴봐야 합니다.

일하다 실수한 게 있으면 징계해고당해도 어쩔 수
없는 건가요?

아닙니다. 귀책사유가 있는 근로자를 징계해고 할
수는 있지만, 사유와 양정, 절차에 정당성이 있어야
합니다. 먼저 취업규칙에 징계해고 사유가 어떻게
규정되어 있는지 살펴봐야 합니다. 해고 사유에 해
당할 만큼 귀책사유가 있어야 한다는 거죠. 또한 해
고 사유는 사회통념상 근로관계를 계속할 수 없을
정도로 신뢰 관계가 무너진 경우여야 합니다. 지각
몇 번 했다고 근로자를 해고할 수 없다는 말입니다.
이 경우 징계해고 사유가 될 수 없을 뿐만 아니라 양
정 측면에서도 부당합니다. 회사에서 정한 징계 사
유에 해당하는 비위행위에 적정한 양정으로 징계할
순 있지만, 양정이 과도할 경우 징계권을 남용했다
고 볼 수 있습니다. 사유와 양정이 정당하더라도 근
로기준법과 취업규칙에서 정한 징계해고 절차를 준
수해야 합니다. 서면으로 해고 통보를 해야 하고 징

계위원회를 개최해 근로자에게 소명할 수 있는 기회를 주는 등 절차적 정당성도 중요합니다. 근로자가 비위행위를 했더라도 징계해고 사유와 양정, 절차 면에서 정당성을 갖추지 못했다면 부당해고가 될 수 있습니다.

해고통보서는 뭔가요?

근로자를 해고하려면 해고 사유와 시기를 서면으로 통지해야 합니다. 서면 통지를 해야만 해고의 효력이 있고, 서면 통지를 했더라도 해고 사유와 시기가 적혀 있지 않다면, 효력이 없습니다. 구두로 해고 통보를 했다면 당연히 부당해고가 되는데, 부당해고 문제를 회피하기 위해 사용자가 해고한 적 없다고 말을 바꾸기도 합니다. 더 심각한 문제는 구두로 해고 통보를 받은 근로자가 출근하지 않자, 해고한 적 없는데 무단결근을 했다며 그제야 다시 해고하는 경우도 있습니다. 이렇게 해고의 존부를 둘러싼 분쟁을 예방하기 위해 구두로 해고 통보를 하는 당시 상황을 녹음하거나 해고 사실에 대해 이메일이나 문자로 다시 한번 확인해 기록을 남기는 등 해고 사실을 입증할 수 있는 자료를 미리 확보해 둬야 합니다. 다만 5인 미만 사업장의 근로자는 해고 통보를 서면으로 해야 한다는 근로기준법의 적용을 받지 않습니다.

사용자는 언제든지 근로자를 해고할 수 있나요?

아닙니다. 해고의 정당성과는 별개로, 근로자를 절대로 해고할 수 없는 기간이 있습니다. 산업재해로 휴업한 기간과 그 후 30일, 출산전후휴가 기간과 그 후 30일, 육아휴직기간입니다. 이러한 해고절대금지 기간 중 근로자를 해고한 경우 5년 이하의 징역 또는 5천만 원 이하의 벌금형(육아휴직의 경우 3년 이하의 징역 또는 3천만 원 이하의 벌금형)에 처할 수 있습니다. 보통의 해고는 부당하다고 인정되더라도 사용자에 대한 벌칙 규정이 없습니다. 반면 해고절대금지 기간에 한 해고에 벌칙 규정이 있는 것은 산업재해와 출산휴가, 육아휴직 기간은 특별히 보호해야 한다는 취지입니다.

해고당한 경우, 어떻게 구제받을 수 있나요?

노동위원회에 부당해고 구제신청을 할 수 있습니다. 법원에 해고무효소송을 제기할 수도 있지만, 시간과 비용이 많이 들고 절차가 복잡한 편입니다. 해고는 근로자의 생계에 직접적인 영향을 미치기 때문에 소송보다 간편하고 신속하게 구제받을 수 있는 노동위원회 제도를 활용하는 것도 좋습니다.

해고당하고 3개월 이내 사업장 주소지를 관할하는 지방노동위원회에 부당해고 구제신청서를 접수하면, 사용자와 서면으로 해고의 정당성과 관련한 공방을 하다 2개월 후에 심문회의가 열립니다. 일종의 재판처럼 심문회의에서 당사자의 주장과 사실관계를 확인하고 해고와 관련한 질의응답을 합니다. 그리고 해고가 정당한지 판정합니다.

부당해고 판정을 받을 경우, 근로자는 원직에 복직하며 해고 기간 동안 일했더라면 받을 수 있었던 임금상당액을 받는 등의 방식으로 구제될 수 있습니다. 복직을 원하지 않을 경우, 금전보상명령 신청을 통해 임금상당액을 포함한 금전보상을 받을 수 있습니다. 판정을 받지 않고 당사자 간 화해로 사건을 종결할 수도 있습니다.

노동위원회 역시 준사법기구이기 때문에 법률전문가인 노무사나 변호사를 대리인으로 선임하는 게 좋습니다. 월 평균임금이 250만 원 미만인 근로자는 권리구제대리인(국선노무사)제도를 통해 무료로 대리인을 선임할 수 있습니다. 다만, 5인 미만 사업장 근로자는 해고를 제한하는 근로기준법을 적용받지 않기 때문에 노동위원회 제도를 활용할 수 없습니다.

(3) 근로관계 자동종료(당연퇴직)

근로계약 기간을 정한 기간제 근로자는 계약 기간이 끝나면 무조건 회사를 나가야 하는 건가요?

기간제 근로자는 근로계약 기간이 만료되면 근로관계가 종료되는 게 원칙입니다. 다만 두 가지 예외가 있습니다.

먼저 기간의 정함이 형식에 불과한 경우입니다. 근로계약으로 계약 기간을 정하긴 했지만, 수년간 반복적으로 유사한 내용의 근로계약을 갱신해 사실상 무기계약인 경우가 이에 해당합니다. 예를 들어 한 사업장에서 1년 단위로 근로계약을 매년 갱신해 2년을 초과해 일했다면, 무기계약으로 전환되었다고 간주할 수 있습니다. 사실상 무기계약인 경우, 계약만료를 이유로 근로관계가 종료됐다는 건 앞뒤가 맞지 않는 말입니다. 이는 해고와 다름없습니다.

반면 기간제 근로계약을 체결했으나, 일정한 평가를 거쳐 계약 기간이 갱신될 수 있다는 규정이 있거나, 다른 기간제 근로자들의 계약을 갱신해 온 관행이 있거나, 사용자로부터 근로계약이 갱신될 수 있다는 말을 여러 차례 듣는 등 갱신기대권이 인정된다면 계약 기간 만료로 근로관계를 종료하는 것이 해고에 해당할 수 있습니다. 두 가지 예외 상황이라면 근로관계 자동종료가 부당해고일 수 있으니, 근로기준법의 보호를 받을 수 있습니다.

용역업체 소속 근로자입니다. 용역계약이 종료됐다면 일할 곳이 없어졌으니 근로관계가 자동종료되는 게 맞나요?

아닙니다. 용역업체와 원청업체 간 용역계약이 종료됐더라도 용역업체와 근로자 사이의 근로관계까지 자동으로 종료되지 않습니다. 이 경우 용역업체는 다른 사업장으로 근로자를 배치·전환하는 등의 방법으로 근로관계를 유지해야 합니다. 만약 용역계약 종료를 이유로 근로관계를 종료할 경우, 자동종료가 아니라 해고에 해당할 수 있습니다.

(1) 산업재해

 산재 신청은 어떻게 하나요?

 산업재해는 업무상 사고와 업무상 질병, 출퇴근재해가 있습니다. 업무상 사고는 일하다 다친 경우, 업무상 질병은 일하다 질병에 걸린 경우, 출퇴근재해는 출퇴근 중 사고가 발생한 경우를 말합니다.

업무상 사고를 예로 들면, 병원에 방문해 초진을 받을 때 일하던 중 사고가 발생해서 다쳤다고 밝혀야 합니다. 그래야 의사가 소견서를 작성할 때 업무상 사고로 다쳤다는 점을 기록할 수 있습니다. 근로복지공단 홈페이지에 있는 요양급여 신청서 서식을 작성하고 의사 소견서를 첨부해 관할 근로복지공단에 제출하면 됩니다. 사고가 발생해 구급차가 왔었다면 민원24 홈페이지에서 구조구급증명서를 발급해 첨부하면 됩니다. 그 외에 사고를 목격하거나 사고 발생 사실을 입증할 수 있는 것이 있다면 자료로 첨부하면 됩니다. 한편 사업주나 제3자 등으로부터 보험급여에 상당한 금품을 받은 경우 금품 내역이나 금액을 알 수 있는 서류를 첨부해야 합니다.

업무상 질병도 위와 같은 서식을 작성해 근로복지공단에 제출하면 됩니다. 다만 업무상 사고와는 달리 질병과 업무와의 인과관계를 입증하는 게 쉽지는 않기 때문에 이왕이면 노무사와 같은 전문가의 조언을 받아 진행하는 것이 좋습니다.

 일하다 다쳤는데 산재처리 하지 않고 공상처리를 해도 괜찮은 건가요?

 일하다 다쳤는데 산재보험으로 처리하지 않고 회사에서 자체적으로 병원비를 부담하는 것을 공상처리라고 합니다. 회사에서 산업재해가 발생할 경우, 근로감독의 대상이 될 수 있고 보험료가 인상될 수 있어서 회사는 산재보험보다 공상으로 처리하는 것을 선호할 수 있습니다.

당장의 병원비를 회사에서 부담해 주기 때문에 큰 문제가 없다고 생각할 수 있지만, 공상처리를 할 경우, 몇 가지 문제가 발생할 수 있습니다.

①치료되지 않는 장해(장애)가 남을 경우, 처음부터

산재보험으로 처리를 했다면 장해급여를 신청할 수 있지만 공상처리를 했다면 업무상 재해로 치료를 받다 장해(장애)가 남았다는 기록이 없기 때문에 장해급여를 신청할 수 없습니다.

②치료 중 사망할 경우, 처음부터 산재보험으로 처리를 했다면 유족급여, 장의비 등을 받을 수 있습니다. 그러나 공상처리를 했다면 업무상 재해로 치료를 받다 사망했다는 증명이 어렵기 때문에 이러한 급여를 받을 수 없습니다. 대신 회사에서 위로금이나 합의금을 제시할 수는 있는데, 산재보험으로 처리한 것보다 금액이 낮을 가능성이 큽니다.

③공상처리를 한다는 것은 건강보험을 이용해 환자부담금을 당사자가 아닌 회사가 부담한다는 것과 같습니다. 일하다 다쳤으면 산재보험으로 처리하는 것이 원칙이기 때문에, 산재보험이 아닌 건강보험을 이용하는 공상처리는 엄밀히 말해 보험사기라고 할 수 있습니다. 만약 건강보험공단에서 공상처리 사실을 알게 된다면 공단 부담금을 환수할 수도 있습니다.

(2) 직장 내 괴롭힘

 직장 내 괴롭힘 신고는 어떻게 하나요?

 직장에서 폭언, 폭행, 따돌림, 사적인 업무 지시 등 직장 내 괴롭힘을 당했다고 생각된다면 사용자 또는 노동청에 신고할 수 있습니다. 먼저 회사의 취업규칙에 직장 내 괴롭힘 발생 시 처리 방법이 어떻게 규정되어 있는지 살펴보고, 신고 담당자가 정해져 있는지, 신고서 양식이 있는지, 요구할 수 있는 보호조치가 무엇이 있는지 등을 파악해 두는 게 좋습니다.

직장 내 괴롭힘 신고를 위해 입증 자료를 충분히 준비하는 게 중요합니다. 녹음, 동영상, 사진, 문자, 이메일 등 객관적인 자료가 필요합니다. 다만 녹음을 할 땐 본인이 포함된 대화 내용을 녹음하는 것만 허용되고, 본인이 포함되지 않은 타인 간의 대화를 녹음하는 것은 도청이 될 수 있으니 주의해야 합니다. 만약 객관적인 입증 자료를 준비할 수 없다면, 직장 내 괴롭힘에 대해 꾸준히 구체적인 기록을 하는 것도 좋습니다.

직장인 A씨

우리는 왜 일터를 떠나지 못하는가

2021년 7월 16일 초판 1쇄 발행

지 은 이 | 최혜인
펴 낸 이 | 서장혁
책임편집 | 장진영
크로스교 | 이다은
디 자 인 | 풀밭의 여치
마 케 팅 | 윤정아, 최은성

펴 낸 곳 | 봄름
주   소 | 서울시 마포구 양화로161 케이스퀘어 725호
T E L | 1544-5383
홈페이지 | www.bomlm.com
E-mail | edit@tomato4u.com
등   록 | 2012.1.11.
I S B N | 979-11-90278-74-4 (03330)

봄름은 토마토출판그룹의 브랜드입니다.